21 世纪高等院校物流专业创新型应用人才培养规划教材

物流案例分析

吴 群 主编

内 容 简 介

本书是一门实践性很强的课程,强调对学生发现问题、分析问题、解决问题的能力培养。本书吸收了近年来物流与供应链管理领域相关理论成果和企业实例编撰而成,针对物流功能、物流管理、供应链管理、不同行业物流的典型案例进行归类阐述,包含了运输管理、库存管理、仓储作业、配送作业、装卸作业及物流服务管理、信息管理、物流决策管理、合作伙伴关系管理、供应链管理、制造业专题及零售业专题等内容。

本书可以作为大学物流管理专业及市场营销等专业的必修课教材、选修课教材及辅助学习资料使用,也可以作为物流管理硕士、物流工程硕士、MBA 研究生课程及入学考试的参考用书。

图书在版编目(CIP)数据

物流案例分析/吴群主编. —北京:北京大学出版社,2014.9
(21 世纪高等院校物流专业创新型应用人才培养规划教材)
ISBN 978-7-301-24757-0

Ⅰ.①物… Ⅱ.①吴… Ⅲ.①物流—物资管理—案例—高等学校—教材 Ⅳ.①F252

中国版本图书馆 CIP 数据核字(2014)第 206164 号

书　　　名:	物流案例分析
著作责任者:	吴　群　主编
策 划 编 辑:	莫　愚
责 任 编 辑:	莫　愚
标 准 书 号:	ISBN 978-7-301-24757-0/F·4039
出 版 发 行:	北京大学出版社
地　　　址:	北京市海淀区成府路 205 号　100871
网　　　址:	http://www.pup.cn　新浪官方微博:@北京大学出版社
电 子 信 箱:	pup_6@163.com
电　　　话:	邮购部 62752015　发行部 62750672　编辑部 62750667　出版部 62754962
印　　刷　者:	北京虎彩文化传播有限公司
经　　销　者:	新华书店

787 毫米×1092 毫米　16 开本　13 印张　300 千字
2014 年 9 月第 1 版　2022 年 7 月第 5 次印刷

定　　　价:29.00 元

未经许可,不得以任何方式复制或抄袭本书之部分或全部内容。
版权所有,侵权必究
举报电话:010-62752024　电子信箱:fd@pup.pku.edu.cn

前　言

"物流案例分析"是一门实践性很强的学科，强调对学生发现问题、分析问题、解决问题能力的培养。物流案例易将学生带入相应的情景，从而激发学生的学习兴趣。物流案例教学通过调动学生积极参与，培养学生利用理论知识去解决实际问题的能力，可以使现代物流课堂变得更加生动、活跃，并逐步提高物流课堂的教学质量。

本书结合近年来物流与供应链管理领域相关理论成果和企业实例编撰而成，针对物流功能、物流管理、供应链管理、不同行业物流案例进行归类阐述，由五大篇十九章构成，分别是第一部分"物流功能篇"（第一章、第二章、第三章、第四章、第五章），第二部分"物流管理篇"（第六章、第七章、第八章），第三部分"供应链管理篇"（第九章、第十章），第四部分"行业专题篇"（第十一章、第十二章、第十三章、第十四章、第十五章），第五部分"其他扩展篇"（第十六章、第十七章、第十八章、第十九章）。

本书包含了运输管理、库存管理、仓储作业、配送作业、装卸作业及物流服务管理、物流信息管理、物流决策管理、合作伙伴关系管理、供应链管理、制造业物流供应链专题及零售业专题等内容，分类明确、体系完善、覆盖范围比较全面。全书共45个案例，都围绕具体企业展开，案例主体结构遵循"基本知识点""案例背景""问题提出""具体措施""结束语"的思路，且每个案例配有相应的思考题，方便学生的自学理解，也有利于引导学生全面思考。在本书扩展篇部分能够与时俱进，增加了物流金融、绿色物流、物流集群等前沿理论有关的案例，丰富了物流知识体系。

本书可以作为大学物流管理及市场营销等专业的必修课教材、选修课教材及辅助学习资料使用，也可以作为物流管理硕士、物流工程硕士、MBA研究生课程及入学考试的参考用书。

本书由吴群副教授设计全书结构并负责编撰，历时一年多时间成稿。在本书的编写过程中，得到了江西财经大学工商管理学院多位老师的大力支持，在此对为本书提供建议和意见的领导、同事表示诚挚的感谢。特别要向为本书查阅、整理资料并参与校对工作的王琦、刘志芳、彭玮琦、胡振敏、潘利贞、蔡宏伟、高荧、严万良、陈雨欣等学生表示衷心感谢,这本书也倾注了他们的辛劳与智慧。本书参考了部分国内外相关论文、教材以及企业官网的介绍资料,在此向这些材料的作者表示诚挚的谢意。

由于时间仓促和编者水平有限,书中可能还存在一些因疏忽而未发现的问题,敬请广大读者批评指正(编者邮箱:56209304@qq.com)。

编者
2014 年 6 月

目　　录

第一部分　物流功能篇

第一章　运输管理 ... 3
案例 1　医药运输管理做足"100" ... 4
思考题 ... 7
案例 2　雅玛多宅急便的"输出策略" ... 8
思考题 ... 12

第二章　库存管理 ... 13
案例 3　襄汉公司的联合库存管理策略 ... 14
思考题 ... 17
案例 4　美特斯邦威的成衣库存危机 ... 18
思考题 ... 21

第三章　仓储作业 ... 22
案例 5　美的仓储管理优化 ... 23
思考题 ... 25
案例 6　富日物流仓储管理改进 ... 26
思考题 ... 28

第四章　配送作业 ... 29
案例 7　中邮物流进军赣南脐橙的分销配送 ... 30
思考题 ... 32
案例 8　麦当劳与其"御用"TPL ... 33
思考题 ... 35

第五章　装卸作业 ... 36
案例 9　云南双鹤医药的装卸搬运 ... 37
思考题 ... 38

第二部分 物流管理篇

第六章 物流服务管理 41
案例 10　华瑞物流全面启动增值服务 42
思考题 45
案例 11　德邦公司精准物流服务理念 46
思考题 48

第七章 物流信息管理 49
案例 12　国美 ERP 系统引领行业潮流 50
思考题 52
案例 13　信息实现中海价值 53
思考题 56

第八章 物流决策管理 57
案例 14　京东商城——自建物流的选择 58
思考题 61
案例 15　联合利华的物流外包上海友谊的决策 62
思考题 64

第三部分 供应链管理篇

第九章 合作伙伴关系管理 67
案例 16　从家乐福看零供关系的成与败 68
思考题 71
案例 17　"惠尔－家化"合作模式 72
思考题 74

第十章 供应链管理 75
案例 18　美拜电子公司供应链成本管理策略 76
思考题 79
案例 19　杭州网营科技 QR 供应链管理战略 80

思考题 ·· 82

第四部分　行业专题篇

第十一章　制造业物流供应链专题 ·· 85

案例20　"以快制胜"的海尔 ·· 86
思考题 ·· 88
案例21　大众并不"大众"——供应链管理之道 ··· 89
思考题 ·· 92
案例22　美的：走在自我超越的道路上 ·· 93
思考题 ·· 95
案例23　戴尔的直销供应链管理 ·· 96
思考题 ·· 98
案例24　惠普供应链引发的思考 ·· 100
思考题 ·· 103
案例25　联想VMI的完美蜕变 ·· 104
思考题 ·· 106

第十二章　零售业物流供应链专题 ·· 107

案例26　沃尔玛成功的三大"利器" ··· 108
思考题 ·· 112
案例27　两毛钱引发的"分手"：康师傅与家乐福谈崩 ·· 113
思考题 ·· 116
案例28　"麦德龙"独树一帜的供应链管理 ··· 117
思考题 ·· 120
案例29　走在崛起路上的家家悦 ·· 121
思考题 ·· 124

第十三章　快递业物流专题 ··· 125

案例30　江西邮政速递物流把握农村市场 ··· 126
思考题 ·· 129
案例31　客户服务前永不止步的顺丰速递 ··· 130
思考题 ·· 133
案例32　申通快递的前进之路与绊脚石 ·· 134

思考题 ··· 137
　　案例33　UPS的扩张之路 ··· 138
　　思考题 ··· 140
　　案例34　DHL：专业诠释卓越服务 ··· 141
　　思考题 ··· 143
　　案例35　定日达——定日必达 ·· 144
　　思考题 ··· 147

第十四章　第三方物流专题 ·· 148

　　案例36　安吉：领跑中国汽车物流 ··· 149
　　思考题 ··· 152
　　案例37　宝供的成功"心经" ··· 153
　　思考题 ··· 155
　　案例38　远成插上飞的翅膀——物流信息化 ··· 156
　　思考题 ··· 158
　　案例39　恒冰物流公司运输业务优化 ·· 159
　　思考题 ··· 161

第十五章　食品物流专题 ·· 162

　　案例40　光明乳业的冷链生命线 ·· 163
　　思考题 ··· 165
　　案例41　沃尔玛试水农超对接 ··· 166
　　思考题 ··· 168

第五部分　其他扩展篇

第十六章　绿色物流 ·· 171

　　案例42　上海通用领跑汽车业"绿色供应链" ·· 172
　　思考题 ··· 174

第十七章　物流金融 ·· 175

　　案例43　中储运抓住时代的脉搏——物流金融 ··· 176
　　思考题 ··· 179

第十八章　逆向物流 ·· 180

案例44　宝钢变"废"为宝——逆向物流 ················· 181
思考题 ··· 182

第十九章　物流集群 ·· 183

案例45　传化公路港物流——物流平台整合运营商 ········· 184
思考题 ··· 186

参考文献 ·· 187

第一部分
物流功能篇

第一部分
神经生理学

第一章 运输管理

在物流系统中，运输是物流的核心业务之一，也是物流系统的一个重要功能。运输管理是指产品从生产者手中到中间商手中再至消费者手中的运送过程的管理。运输管理包括运输方式选择、时间与路线的确定及费用的节约，其实质是对铁路、公路、水运、空运、管道等5种运输方式的运行、发展和变化，进行有目的、有意识的控制与协调以实现运输目标。"及时、准确、经济、安全"是物流运输的"四原则"。

案例1　医药运输管理做足"100"

> **基本知识点**
>
> （1）客户满意度：也叫客户满意指数，是对服务性行业的顾客满意度调查系统的简称，是一个相对的概念，是客户期望值与客户体验的匹配程度。换言之，就是客户通过对一种产品可感知的效果与其期望值相比较后得出的指数。
>
> （2）柔性：指快速、低成本地从提供一种产品或服务转换为提供另一种产品或服务的能力。
>
> （3）分销资源计划（Distribution Requirement Planning，DRP）：是管理企业分销网络的系统，通过互联网将供应商与经销商有机地联系在一起，为企业的业务经营及与贸易伙伴的合作提供了一种全新的模式。供应商和经销商之间可以实时地提交订单、查询产品供应和库存状况，并获得市场、销售信息及客户支持，实现了供应商与经销商之间端到端的供应链管理，有效地缩短了供销链。

一、案例背景

药品关系到人们的健康，其运输的安全性至关重要，提高药品运输的质量，保证药品无破损、无污染地送到终端用户手中，这是医药运输需要达到的目标。

贵州益佰制药股份有限公司，创建于1995年6月12日，前身是贵州妙灵制药有限公司，在自身不懈努力和贵州省人民政府的大力支持下，公司顺利在2000年11月28日完成了股份制改造，并于2004年3月8日成功上市，成为贵州省首家取得上市资格的非公有制制药企业。近二十年来，公司以"卓越的医药产品提供者，优秀的健康医疗服务领航者"为使命，力求做到"健康100、品质100、感恩100、创新100",成功打造了老百姓耳熟能详的"益佰""做足益佰""克刻"等著名商业品牌,现已发展成为一家集新型药品的研究、开发、生产、销售为一体的高新技术企业。2012年7月3日,公司收购了爱德药业(北京)有限公司80%的股权,这一举措将为贵州益佰的发展开辟新的纪元。

二、问题提出

对医药行业而言,平衡运输的质量与成本,找到恰当的平衡点并采取相应的策略,是提高企业的综合竞争力,增强客户满意度的有效途径,也是企业追求行业领先地位的一大法宝。精细、高效的运输管理策略是贵州益佰博得消费者信任的一个重要环节,为此,贵州益佰对运输管理改进做了积极探索。

三、具体措施

贵州益佰的运输管理策略,归纳起来有如下三点。

1) 物流服务商的"主辅结合"保证运输的灵活性

贵州益佰在物流服务商的选择上可谓是"谨小慎微",既重点考察物流服务商的规模和实力,又非常关注其网络覆盖能力。以强大的实力做后盾,物流服务商可以在突发情况下拥有较高的应对能力,这样即使是面临较严重的冰冻灾害,贵州益佰的药物依然可以通过铁路通道保证正常的供应。考虑到单个物流服务商的网络覆盖存在"短板区域",贵州益佰结合公司自身需求将物流公司的资源进行整合,形成灵活的配送网络。采用"一主一辅"的方法,选择两家物流服务商,提高运输柔性的同时增强了其风险应对能力,两家服务商之间形成的竞争态势,又保证了贵州益佰的医药运输成本最小化。

2) 产品细分下的差异化运输与规模运输相结合

贵州益佰根据产品附加值的高低对产品进行细分,在此基础上完成物流通道的搭配(表1-1)。例如,处方药艾迪注射液和银杏达莫注射液都属于高附加值产品,其供应策略以提高对市场需求的响应速度为主,贵州益佰就采用中铁、航空、火车行包的运输方式,实现周边区域三天入仓,华南、华北四天入仓,东北地区五天到达,提高其客户服务水平。对于附加值较低的OTC产品,其供应策略以降低成本为主,公司采用部分汽车运输和低价的火车行包(五定班列)的运输方式,相比前者,同质量产品的运费一下就降低了50%。此外由于每年公司的针剂产品要在十月底前发往东北、西藏、新疆进行"冬储",其物流规模大大高于平时的发货量,所以通过对物流通道的调整,充分利用运输的规模效益使得成本显著降低。

表 1-1 贵州益佰差异化供应策略

产品类型	目 标	供应策略	结 果
高附加值产品	提高市场需求响应速度	中铁、航空、火车行包	周边区域三天入仓 华南、华北四天入仓 东北地区五天到达
低附加值 OTC 产品	降低成本	部分汽车运输、低价的火车行包(五定班列)	同质量产品运费降低 50%

3) 加强服务商的全面管理

贵州益佰对物流服务商的管理可以概括为严把关、重评估、"少"结算、高效率。

(1) 严把关:贵州益佰对物流服务商的选择是根据行业的高标准逐一严格把关,并确保最优的合同报价。明确合同制定过程中的权力、责任和利益,将运输的价格、时限和保险问题作为重点。

(2) 重评估:通过对物流服务商进行相关物流质量的绩效评估,例如,运单的完整执行率、货物破损率、市场对物流的投诉率、运单的及时履行率等,鼓励其不断改进。

(3) "少"结算:依次通过发货员和部门统计员对物流公司的账目进行核对和审计,审计无误后,贵州益佰将于年底结十个月的费用,预留两个月的资金作为物流服务商在贵州益佰的风险质押金,使得贵州益佰在今后可能发生的物流事故中掌握主动权。

(4) 高效率:目前贵州益佰使用东软金算盘的分销资源计划系统(DRP),采用基于业务基础软件平台 VP 的应用系统,其中储运业务模块使得企业在运输过程中对货物实时跟踪成为可能,实现了对物流服务商的高效管理。

四、结束语

运输的成本与质量、运输的成本与时间均存在着二律背反的现象,作为制造企业,突出其核心竞争力的同时,应积极地探索物流运输的相关措施,加强对物流供应商的管理，不断创新符合企业特色、满足客户需求的整体运输模式，在货物运输中找到促进企业发展的成本与质量平衡点，不断推进运输管理向着规范与高效发展。

思 考 题

（1）试列举制造企业在物流服务商选择时需考察的条件。

（2）结合贵州益佰对物流服务商的管理策略，探讨制造业与物流服务商合作模式的未来发展方向。

案例2 雅玛多宅急便的"输出策略"

> **基本知识点**
>
> （1）宅急便：日本的大和运输株式会社（Yamato Transportation）所建立的宅配服务品牌，借由各种交通工具的小区域经营及转运系统，经营户对户小包裹的收取与配送。
>
> （2）条形码：将宽度不等的多个黑条和空白，按照一定的编码规则排列，用以表达一组信息的图形标识符。
>
> （3）POS：销售时点系统，在对销售商品进行结算时，通过自动读取设备（如收银机）在销售商品时直接读取商品销售信息（如商品名、单价、销售数量、销售时间、销售店铺、购买顾客等），并通过通信网络和计算机系统传送至有关部门进行分析加工以提高经营效率的系统。
>
> （4）分拣：物流配送中心依据顾客的订单要求或配送计划，迅速、准确地将商品从其储位或其他区位拣取出来，并按一定的方式进行分类、集中的作业过程。

一、案例背景

随着2010年1月18日，由日本雅玛多控股和上海久事集团公司合资成立的雅玛多（中国）运输有限公司正式宣布开业，"宅急便"这个在日本家喻户晓的名字开始进入中国市场。师出同门，近乎相同的管理模式使得几年来雅玛多（中国）运输有限公司获得了迅速的发展，人们不禁会问是什么让这样一家来自日本的速运公司短期内在中国小有成就。

在日本，雅玛多集团拥有约4000家营业所和约17万名员工，运输网络的规模超过日本邮政。历经四十多年的发展，只要接到客户一个电话，即使只有一个包裹，他们也会上门取货，同样也会送货上门的。这种门对门的服务理念一直延续至今。

二、问题提出

雅玛多宅急便作为一家日本的民营企业，其运输网络的规模却超过了日本邮政，这不禁让人深思，什么让它在众多消费者面前如此受欢迎，并迅速发展壮大。

三、具体措施

1. 翌日到达，"输出承诺"

雅玛多宅急便充分考虑客户需要，实行24小时接收营业受理，目前，其配送中心有6151个、代理店（点）达27万多个，其代理点的数量多于日本全国的邮局数24000个。如图1.1所示，遍布全国的代理点构成的运输网络是其构建翌日送达输送系统的前提，大和运输分区派出小型货车到区内各个代理点将货集中运往称为"集货中心"的营业所，并迅速转送到"基地"，进行寄往全国各地的货物分拣工作。根据发送的地区和货物种类的不同进行分拣，装入统一规格的装箱单元。从基地到基地的运输采用可装载16只货箱的10吨级大型车，从集货中心向基地的运输采用可装8只货箱的4吨级小型车，而2吨级的小型车则专门用来收集和递送一些零堆货物。宅急便的规范化运输管理，大大提高了运输效率，不同吨级货车的搭配使用也降低了物流的成本。

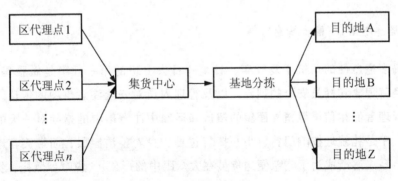

图1.1 宅急便运输网络

2. 源源不断,"输出创新"

雅玛多宅急便不断地探索客户的需求,开办新的业务,谋求长久的生存与发展。如今宅急便已经成为综合性物流企业,开办了多样化的宅急便服务,见表1-2。宅急便有针对食品保鲜,使用冷藏保温车辆的"冷藏宅急便";有针对客户要求,使用飞机快速将小型货物送达的"机场宅急便";有针对信件、文件的"信件宅急便";有针对进出口小型货物的"国际宅急便";有针对搬家业务的"搬家宅急便";还有针对打高尔夫球、滑雪人员,将其运动用具运到运动场的"高尔夫宅急便""滑雪板宅急便";由于有些货物从家运到目的地(如运动场、宾馆)后,还需要将货物送回家,于是又推出了"往返宅急便"等。总之,对宅急便来说,只有想不到,没有做不到,也正是在这样不断地探索与创新过程中,使自身得到发展壮大。

表1-2 雅玛多宅急便个性化服务介绍

要 求	服务种类	备 注
食品保鲜	冷藏宅急便	使用冷藏保温车辆
快捷迅速	机场宅急便	使用飞机(限小型货物)
信件、文件	信件宅急便	
进出口货物	国际宅急便	
家具搬运	搬家宅急便	
高尔夫、滑雪用具	高尔夫宅急便、滑雪板宅急便	运动用具搬运至运动场
货物返送回家	往返宅急便	运动场、宾馆等场合

3. 坚持不懈,"输出情感"

雅玛多宅急便的司机年复一年、日复一日去上班的第一件事是做雅玛多体操,接着是经营理念和社员安全的训导,以及管理人员对安全注意事项的传达。宅急便的高层管理者们相信早晨精神面貌的塑造和运输中注意事项的指导对一天的营运大有益处。于是礼貌地按响门铃、小心捧着包裹、身着整洁制服、面带笑容地出现在门口的年轻人逐渐成为了宅急便送货员在大众眼中的形象。"脱帽、敬礼、签收、确认、鞠躬道谢"是雅玛多宅急便送货员的服务标准。"传送物品的同时也传递了一份情谊",雅玛多宅急便通过高效、人性化的服务传送着企业的文化。

4. 科技支撑，"输出信息"

雅玛多运输公司是运输界第一个采用条形码的公司，其宅急便的信息系统被称为"猫系统"。从最初的以路线和货运为中心，从用专用线缆引导线路集中货物信息进行处理到POS销售时间终端机的引入，再到携带型终端机的开发、使用，宅急便始终在推进的信息化过程中走在同行的前面。现在每个业务司机的手上，都有一支携带式POS销售时点系统，大大节省了输入数据的时间。利用数据库的优势，只要货物发出，货主随时可以通过网络系统查询记录，知道货物是否到达。配送跟踪的关键在于必须对货物、装车、发货等环节的节点进行有效控制，只要将携带式POS系统与计算机联机，只需5分钟，就可以精准无误地生成每天集货配送客户信息的现金报表。每件包裹在收件、转运、配送的过程中，业务司机都会用携带式POS扫描托运单上的条形码，将货件数据实时地回传到中央系统。消费者只要利用宅急便网站的"货物追踪查询"功能，输入托运单上的货件编号，马上就可以知道现在货在何处，具体信息输出流程如图1.2所示。

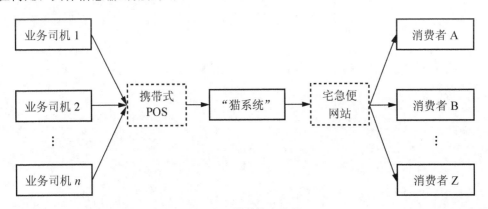

图1.2 信息输出流程

四、结束语

在速递企业发展日益迅速的今天，企业在不断开拓其市场的同时，也需要深入思考自身的营运特点与核心竞争力的问题，抓住自身特点发散思维，大胆创新，不要拘泥于某一营运环节，而应总揽全局，着眼于长远发展，联系实际，做大做强。

物流案例分析

思 考 题

（1）结合案例，谈谈雅玛多宅急便在创新方面有哪些做法？
（2）试总结宅急便在提高运输管理效率上的举措。

第二章 库存管理

　　库存管理又称库存控制，是对制造业或服务业生产、经营全过程的各种物品、产成品以及其他资源进行管理和控制，使其储备保持在经济合理的水平上。库存管理的目标是在保证企业生产、经营需求的前提下，使库存量保持在合理的水平上；掌握库存量动态，适时、适量地提出订货，避免超储或缺货；减少库存空间占用，降低库存总费用；控制库存资金占用，加速资金周转。

案例3　襄汉公司的联合库存管理策略

基本知识点

联合库存管理（Jointly Managed Inventory，JMI）：它是一种在VMI（供应商管理库存）的基础上发展起来的上游企业和下游企业权利责任平衡和风险共担的库存管理模式。联合库存管理强调供应链中各个节点同时参与，共同制定库存计划，使供应链过程中的每个库存管理者都从相互之间的协调性考虑，保持供应链各个节点之间的库存管理者对需求的预期一致，从而消除需求变异放大现象。

一、案例背景

进入21世纪以来，随着信息技术在企业中的大规模应用，企业的竞争模式发生了巨大变化，市场竞争已由以前单个企业之间的竞争演变为供应链之间的竞争。供应链上的各个企业通过信息交换、资源共享等途径达到共赢的目的。特别是对于制造企业而言，如何设置和维持一个合理的库存水平，以应对存货不足带来的短缺风险和损失，以及库存过多所引起的仓储成本和资金成本增加，已成为企业必须解决的问题。

襄汉公司成立于1993年，是一家大型设备制造企业，主要生产举重机械设备和混凝土设备，如汽车举重机、混凝土运输车等，2010年其总资产超过25.8亿，员工人数超过4000人。

二、问题提出

由于襄汉公司产品品种多，结构复杂，所需要的零部件和所用的材料种类多，库存物料品种多,为了应对需求波动和生产的不确定性,其不得不持有较高的库存,这就导致了公司库存管理方面的三大问题。

1. 库存管理多级化

襄汉公司没有成立统一的物流中心,无法对物料的采购、运输、仓储、配送进行统一管理。销售、制造、计划、采购、运输和仓储等的控制系统和业务过程各自独立,相互之间缺乏业务合作,从而导致多级库存。

2. 库存持有成本高

襄汉公司的各个事业部或分公司都有自己的仓储系统,单独进行库存管理。仓库、货场、设施和设备没有进行统一规划和管理,没有得到充分利用,增加了库存的空间成本。另外仓库还需要租金和人员管理,库存持有成本就更高了。

3. 库存质量控制成本高

襄汉公司作为一家大型机械制造企业,生产所需的原材料和零部件很多都来自外购,所需物料种类和规格型号多,企业供应商数量多,分布范围广,质量标准不一,因此增加了襄汉公司产品质量控制的工作量,增加了检测人员及检测设备,从而导致库存质量控制成本高。

三、具体措施

为了打破以往各自为政的库存管理方式,襄汉公司决定建立全新的联合库存管理模式,流程如图2.1所示。

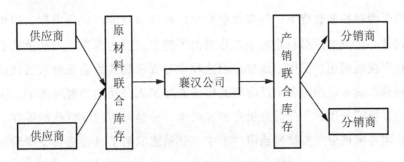

图2.1 襄汉公司联合库存管理流程

1. 原材料联合库存

为襄汉公司供应原材料的供应商们将材料直接存入公司的原材料库中，使以前各个供应商的分散库存变为公司集中库存。集中库存要求供应商的运作方式是按襄汉公司的订单组织生产，产品完成时，立即实行小批量、多频次的配送方式直接送到公司的仓库补充库存。公司库存控制的管理重点是既保证生产需要，又要使库存成本最小。具体的操作程序：①分析公司原材料供应商的资质状况，从中筛选出符合公司要求的供应商，并确定为合作伙伴；②与确定的合作伙伴签订联合库存控制管理协议；③加强公司联合库存控制管理，既保证账目、单据、货物相符，又要保证货物不损坏变质。

2. 产销联合库存

襄汉公司总库承担产品储备中心的职能，相当于整个全国分库的供应商。在分库所辖区域内，设立地区中心仓库，承担各分销商产品供应工作。中心仓库的库存产品由公司总库配送或分销商代储。中心仓库的管理人员由总部指派，负责产品的接收、配送和管理。各中心仓库在联合库存协调管理中心，即商务总库的领导下，统一规范作业程序，实时反馈产品需求信息，使联合库存协调中心能够根据进出库动态信息，了解产品供应情况，充分利用现有资源，合理调配，提高发货速度，以最低的消耗，实现最大收益，及时准确地保证分销商及市场的需求。

四、结束语

在联合库存控制管理下，供应商企业可以取消自己的产成品库存，而将库存直接设置到核心企业的原材料仓库中，分销商不建立自己的库存，产品由核心企业从成品库存直接送到用户手中，通过应用这种库存管理模式给企业带来的优势：①降低原材料采购成本，因为各个供应商的物资直接进入公司的原材料库中，减少了供应商的库存保管费用；②降低分销商销售成本，分销商不建立自己的库存，所售出商品由公司各区域分库直接发到用户手中，分销商取消了自己建立仓库费用对所售商品成本的分摊，把所有的精力放到了销售上，从而提高了分销商的主动性、积极性、促进了公司的销售量的增加，提高了公司的产销量。

思 考 题

（1）结合案例阐述 JMI 能够给企业库存管理带来什么优势？
（2）简述 JMI 与 VMI 的异同点。

案例4　美特斯邦威的成衣库存危机

> **基本知识点**
>
> 牛鞭效应：又称为"需求变异加速放大原理"，其基本思想是当供应链的各节点企业只根据来自其相邻的下级企业的需求信息进行生产或供应决策时，需求信息的不真实性会沿着供应链逆流而上，产生逐级放大的现象，达到最上游的供应商时，其获得的需求信息和实际消费市场中的顾客需求信息发生了很大的偏差，需求变异系数比分销商和零售商的需求变异系数大得多。由于这种需求放大效应的影响，上游供应商往往维持比下游供应商更高的库存水平。

一、案例背景

随着市场环境的不断变化，成衣库存已经成为我国服饰企业急需解决的一大难题。就目前中国而言，无论是大公司还是小公司，都有着不同程度的成衣库存。库存难题已经成为我国服饰企业进一步发展的绊脚石。

"美特斯·邦威"（以下简称"美邦"）是美特斯邦威集团自主创立的本土休闲服品牌。美特斯邦威集团公司由周成建先生于1995年在中国浙江省温州市创建，公司主要负责研发、生产、销售美邦品牌休闲系列服饰。其主要的目标消费者是16～25岁活力时尚的年轻人群。该品牌致力于打造"一个年轻活力的领导品牌，流行时尚的产品，大众化的价格"的品牌形象，带给广大消费者富有活力且个性时尚的休闲服饰。

二、问题提出

居高不下的库存量已经成为美邦前进过程中的一颗定时炸弹。2008年，美邦的业务开始井喷式爆发，全年的销售额达 70 亿元，位居中国本土市场之首。虽然美邦的销售额一直呈上升的态势，但其成衣的库存危机却愈加的严重。根据中金公司 2012 年 2 月 29 日发布的关于美邦公司库存状况的报告见图 2.2。

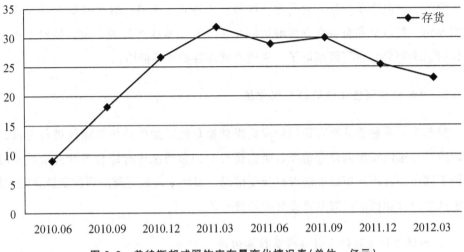

图 2.2　美特斯邦威服饰库存量变化情况表（单位：亿元）

美邦的成衣库存已经由 2010 年 6 月份的 9.03 亿元增长到了 2011 年 3 月份的 31.6 亿元。2012 年 23 亿元的成衣库存中，仅有约 12% 是最新款式，其余的 88% 都是已经过季的产品（图 2.3）。

图 2.3　美特斯邦威服饰 2012 年 3 月库存具体情况

三、具体措施

服装产品具有季节性、流行性、区域性等特点，面料、款式和颜色类型多，生命周期短，所以成品服装在仓库滞留的每一刻都会造成产品的贬值。针对上述问题及原因，美邦公司也积极采取了一系列改善库存积压的措施。

1. 对加盟商销售业绩进行合理考核

美邦公司要想改善库存积压的局面需调整单纯对加盟商销售业绩进行考核的方式，应该通过对加盟商库存情况、销售情况和经营情况进行综合统计分析，及时了解到不同商品在不同市场上的客户接受情况，实现主动地将商品调拨到适合的卖场，以求减少库存积压的同时取得更好的销售业绩。

2. 加强与加盟商的友好合作及信息沟通

美邦公司首先要处理好加盟商与直营店的资源及价格偏向问题，其次要与加盟商建立友好的合作关系。通过与加盟商保持良好的信息沟通及信息共享，一方面可以掌握加盟商的销售状况从而进一步促进对产品的准确预测，另一方面使加盟商及时共享美邦关于时尚潮流的资讯，从而有效避免畅销产品缺货而滞销商品大量堆积的尴尬现象。

3. 及时处理积压存货

由于服装类产品具有品种变化快的特点，因此要求服装企业的存货周转速度要不断地提高。存货不能积压，积压的产品会给企业造成很大的负担。过季的品种通过各种促销手段尽快清出柜台是大部分服装企业及时处理积压存货的必然手段，美邦也不例外。

4. 严格控制需求预测精度

过高的库存积压使美邦公司意识到不能一味追求销售总量，控制总存货数量也是企业需考虑的关键问题。这就要求企业对市场需求的预测要精确，既不出现大量缺货也不生产大量存货。一方面要保证销售部门有合适的品种放在卖场，满足顾客的需要；另一方面也要保证生产的大部分产品都可以销售出去，不要产生大量滞销存货。

四、结束语

美邦公司的库存危机有公司的战略失误,也有其对市场预测的错误估计以及一些不确定的因素的影响。对于美邦公司来说,只有把握供应链中各个环节的节点,对市场需求做到准确预测,对自身的生产、供应及流通过程做到全面地控制,对诸多不确定性的情况做出有效的应对才能高效地管理库存。

思 考 题

(1) 针对美邦公司的成衣库存危机,有哪些好的解决方法?
(2) 相比"快时尚"的领导者ZARA,中国服装企业的库存管理差距在哪?

第三章 仓储作业

仓储和运输是同样重要的物流功能要素，仓储功能包括了对进入物流系统的货物进行堆存、管理、保管、保养、维护等一系列活动。仓储作业是指从商品入库到商品发送出库的整个仓储作业全过程，主要包括入库流程、在库管理和出库流程等内容。仓储管理的目的是确保物流畅通、安全、有序，降低库存积压，提高库存周转率，促使销售、生产、采购相协调，加速资金流通。

案例5　美的仓储管理优化

> **基本知识点**
>
> （1）仓储：简而言之，就是在特定的场所储存物品的行为。"仓"也称为仓库，为存放物品的建筑物和场地，可以为房屋建筑、大型容器、洞穴或者特定的场地等，具有存放和保护物品的功能；"储"表示收存以备使用，具有收存、保管、交付使用的意思，当适用有形物品时也称为储存。"仓储"则为利用仓库存放、储存未即时使用的物品的行为。
>
> （2）仓储系统：包括存储空间、货物、仓储设施设备、人员、作业及管理系统等要素。

一、案例背景

创建于1968年的美的集团，是一家以生产家电为主，涉足房产、物流等领域的大型综合性现代化企业集团，是中国最具规模的家电生产基地和出口基地之一。营销网络遍布全国各地，并在美国、德国、日本、韩国、加拿大、俄罗斯等地设有10个分支机构。

美的集团主要产品有家电空调、商用空调、大型中央空调、冰箱、洗衣机、饮水机、电饭煲、电压力锅、微波炉、烤箱、风扇、取暖器、空气清新机、洗碗机、消毒柜、抽油烟机、热水器、吸尘器、豆浆机、电水壶等家电产品和空调压缩机、冰箱压缩机、电机、磁控管、变压器等家电配件产品，拥有中国最大最完整的空调产业链、微波炉产业链、洗衣机产业链、冰箱产业链和洗碗机产业链，拥有中国最大最完整的小家电产品群和厨房家电产品群。美的未来将形成产业多元化、发展规模化、经营专业化、业务区域化、管理差异化的产业格局。

二、问题提出

美的在发展过程中也遇到很多问题。美的现有的仓储资源过于分散,仓储资源整合利用难度大,旺季收发货效率低,物流设备资源配置不足且严重缺乏;仓储管理技术不成熟,经营管理理念落后,仓库的收发货作业方式落后,信息处理速度慢,信息价值得不到充分体现;仓储人才的缺少和考核不完善,无法保证库存的准确性以及发货的准时性,客户抱怨较大;物流功能区的不足,仓储作业区设置结构不合理,单元化程度低,仓库既是物料仓也是配套仓,目前没有合理的物料暂存区,不能准确知道货物的库龄情况,有货物积压很久的情况,致使厂内外定置管理很难到位。

三、具体措施

(1) 优化新建库房物流功能区布局。在备货区设置备货区一、备货区二,这样可以进行双向作业,两个备货区,增加效率。进出货是仓库各项工作中最重要的作业项目,建议在仓库的另一侧修建一个同等规模的装卸作业平台,以提高装卸效率。

(2) 加强回收物流的理念,对于退货商品等进行更完善的服务,加强供应链思想;优化仓储网络,对全国的仓储网络进行重新定位;加强企业之间的合作与联系,而不是封闭自己的信息;建设公共信息平台,实现仓储管理信息化。

(3) 统一人员、设备的管理,加强仓库的控制,与客户进行定时的信息分析讨论,为仓库的收发货作业提供快速、准确的指示。

(4) 加强仓储人才培养,注重实践能力的培养,建立专门的仓储培训机构,针对不同工作岗位的人员进行不同的培训,在实际工作上多注意理论与实践的结合。此外对员工制定并实施科学的考核标准。

(5) 仓储管理系统的全面应用。仓储管理系统已经全面应用在美的生活电器事业部,通过系统把仓库指令自动地传递到仓库,并可实时监控仓库的运作。信息透明可以及时、准确及完整地帮助企业获得整个参考运作的信息,也可把收发货指令及时且准确地传递给仓库。

四、结束语

通过一系列对仓储管理的优化措施,美的成功实现了仓储出入库管理的优化及信息跟踪,这是企业整合资源、提升仓储管理水平取得的成效。

思 考 题

（1）美的在仓储管理环节中遇到了哪些问题？
（2）美的进行仓储优化的措施有哪些？

案例6　富日物流仓储管理改进

> **基本知识点**
>
> （1）射频识别技术（Radio Frequency Identification，RFID）：是一种无线通信技术，可以通过无线电讯号识别特定目标并读写相关数据。
>
> （2）仓库管理系统（Warehouse Management System，WMS）：通过入库业务、出库业务、仓库调拨、库存调拨和虚仓管理等功能，综合批次管理、物料对应、库存盘点、质检管理、虚仓管理和即时库存管理等功能综合运用的管理系统，有效控制并跟踪仓库业务的物流和成本管理全过程，实现完善的企业仓储信息管理。

一、案例背景

不论是在流通领域还是在制造领域，仓储管理都起着不可忽视的重要作用，仓储环节集中了上下游流程整合的所有矛盾，仓储设备配置以及管理效率在很大程度上影响着企业乃至整个供应链的操作成本，提高仓储管理水平对企业运营管理、客户关系改善至关重要。

杭州富日物流有限公司是在原杭州富达运输公司基础上，于2001年投资建立的一家现代第三方物流企业。富日物流已建成30万平方米的常温带月台式物流中心，并已全部投入使用，现在公司已为可口可乐、金光纸业、康师傅、科龙电器、朝阳轮胎等200多家制造商提供物流服务。富日物流的商业模式是基于配送的仓储服务，制造商或批发商把货品存放在富日物流的仓库里，然后根据店面的需求，用小车配送到零售店。富日物流为客户提供仓储、配送、装卸、加工、代收款、信息咨询等物流服务，利润来源包括仓租费、物流配送费、流通加工服务费等。

二、问题提出

月雅库区是富日物流四大库区之一,也是最早建立的库区。当时由于资金和技术等的原因,该库区建设得不是很完备。经过近十年的使用,月雅库区的问题愈发明显,越来越满足不了公司的发展需求。

富日物流月雅库区的仓库全都是平面仓,仓库储位规划不合理,库内搬运部分采用托盘和叉车进行,少量采用手工搬运,工作效率低、劳动力成本耗费高,富日物流的信息化一直处于比较原始的阶段,只有简单的单机订单管理系统,以手工处理单据为主,仓库硬件条件及信息化水平严重制约了富日物流的业务发展。

三、具体措施

针对现有库房条件落后、存储混乱、信息化水平较低等问题,富日物流提出了针对性措施。

1)富日物流采取随机库位与固定库位结合的方式

对各供应商库存区采用固定库区,而同一供应商产品库位采用随机库位法储存,这样,有利于提高仓储空间利用率,又有利于出库时及时、准确地寻找到目标商品。

2)借助托盘货架合理规划存储空间

要尽可能提高仓储空间利用率,建议货物托盘化堆垛后,采用货架式储存(表3-1)。

表3-1 不同种类的货物对应托盘货架

货 物 种 类	对应托盘货架
单个品项、储货量大	驶入式托盘货架
品项多、储量小、高度差异大	可调式托盘货架
重量较轻、体积不大	移动式托盘货架

对单个品项储货量大的货物采用驶入式托盘货架;对品项多、储量小、托盘货物高度差异大的货物采用可调式托盘货架;对一些重量较轻、体积不大的货物采用移动式托盘货架,以此提高仓储空间利用率。

3)库内作业要匹配相应的搬运设备

库内存货设备与取货设备以电动前移式托盘叉车为主,并根据货架高度,也可匹配一定量的臂式堆高机，对重量大的货物，可采用平衡式燃油叉车；库内水平移动设备以座驾式电动叉车（距离长）、自走式电动叉车（距离短）为主，并配一定量的手动托盘叉车；分拣设备以多层分拣车为主，并配少量的（根据货架高度）高位分拣机。

4) 提升整体的物流信息管理水平

富日物流除了开发符合其自身业务特点的物流信息化管理系统外，还积极采用基于射频识别技术（RFID）的配送中心解决方案，该方案由多套射频识别系统、中间件、数据库系统以及仓库管理系统（WMS）组成，用以帮助企业提升物流信息技术整体水平。

四、结束语

富日物流通过对库房库位的合理规划及信息系统和信息技术的推广使用，解决了仓储管理存在的问题，正逐步迈向高水平的现代化物流管理企业行列。

思 考 题

(1) 富日物流公司在改善仓储管理方面有哪些措施？
(2) 谈谈仓储管理信息系统的使用对富日物流公司的积极意义。

第四章 配送作业

　　配送是物流中一种特殊的、综合的活动形式，是指在经济合理区域范围内，根据客户要求，对物品进行拣选、加工、包装、分割、组配等作业，并按时送达指定地点的物流活动。从物流来讲，配送几乎包括了所有的物流功能要素，是物流的一个缩影或在某小范围中物流全部活动的体现。一般的配送集装卸、包装、保管、运输于一身，通过这一系列活动完成。

案例7　中邮物流进军赣南脐橙的分销配送

基本知识点

分销是指建立销售渠道，即产品通过一定的渠道销售给消费者，也可以说产品由生产地点向销售地点运动的过程。

一、案例背景

中邮物流有限公司成立于2003年1月18日，隶属于中国邮政集团，是专业经营和管理邮政物流业务的大型国有企业，注册资本3.7亿元人民币。公司下设31个省级子公司，是一家集仓储、封装、配送、加工、理货、运输和信息服务于一体的现代综合性物流企业。

近年来，中国邮政充分发挥网络和品牌优势，积极拓展服务领域，推动地方经济的有序发展。中国邮政网络点多面广、遍布城乡，三分之二的职工和网点分布在农村地区，在服务"三农"方面，具有得天独厚的资源优势。中国邮政的分销配送业务，坚持服务"三农"的宗旨，充分依托邮政品牌优势和网络优势，利用邮政网点、人员、车辆，通过连锁加盟方式组织开展农业生产资料、日用消费品、农产品和其他商品的销售与配送。

二、问题提出

目前，江西省赣南地区种植脐橙的规模已达到150万亩，年均产业价值达到70多亿元，基本实现了赣南脐橙以种苗繁殖、果树农资、采购贮存、分级加工、销售流通、运输配送、中介咨询、货款结算为一体的产业链。赣南脐橙的分销配送发展迅速，现今在赣南脐橙主产区的信丰、安远、寻乌三个县从事脐橙分销配送的企业就有300多家。面对颇受消费者青睐的具有果品优、价位好、市场俏特点的赣南脐橙,自2004年开始,江西省赣州市邮政局的部分县局在赣南脐橙下树上市的时节,便会组织人员参与经销,涉足赣南脐橙的分销配送业务。但是,由于受市场、网络、人才等诸多因素的影响,赣南脐橙的分销配送一直做不大,没能形成系统和品牌。

面对赣南脐橙分销配送止滞不前的情况,中邮物流该如何发挥其现有的品牌、网络等优势,参与赣南脐橙的分销配送,服务当地经济的发展,是一个值得探讨的话题。

三、具体措施

为了更好地参与赣南脐橙分销配送业务,中邮物流应当结合自身的经营能力、借鉴社会分销配送的成功经验,努力做大赣南脐橙的分销配送。

首先,应当建立规范的物流分销网络(图4.1)。物流分销网络包括物流运输网络、物流信息网络、物流客户网络和物流管理网络。通过规范的分销网络,有利于保证服务质量,降低运营成本,促进客户需求信息的即时对接。

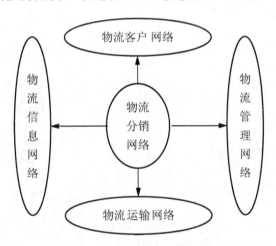

图4.1 物流分销网络的构成

其次,按照"产地+邮政物流+市场"的分销配送模式,系统地组织赣南脐橙的分销配送。各省市的邮政物流部门应在渠道、网络、支撑等方面给予全网性的配合,并联合召开果品现场品尝和推广会,加大宣传。与此同时,赣南脐橙产地的邮政物流应当依据市场、销售行情,随行定价、论果定价,促进赣南脐橙的分销配送业务的发展。

最后，要培养专业经营人才。因为脐橙的分配具有一定的特殊性，在果品论质、定价、销售等方面要求较高，各县市邮政公司应当培养一批会经营、懂果品分销配送的专业人才。

四、结束语

中国邮政通过建立和完善分销物流配送网络，从根本上实现规模经营和规模效益，提供专业化的服务，把优势变为胜势。通过全网通力合作、统筹发展，以优质的服务经营脐橙市场，一定能赢得广大消费者的认可。

思 考 题

（1）中邮物流在赣南脐橙的分销配送方面有哪些对策？

（2）与其他物流企业相比，中邮物流在赣南脐橙的分销配送方面有哪些优势？

案例 8　麦当劳与其"御用"TPL

基本知识点

（1）配送（Distribution）：在经济合理区域范围内，根据客户要求，对物品进行拣选、加工、包装、分割、组配等作业，并按时送达指定地点的物流活动。

（2）配送中心（Distribution Center）：从事配送业务具有完善的信息网络的场所或组织，应基本符合下列要求：①主要为特定的用户服务；②配送功能健全；③辐射范围小；④多品种、小批量、多批次、短周期；⑤主要为末端客户提供配送服务。

（3）第三方物流（Third Party Logistics，TPL）：由供方与需方以外的物流企业提供物流服务的业务模式。

一、案例背景

在全球的餐饮连锁机构中，麦当劳对于任何人来说都不陌生。谈及麦当劳，其广为人知的成功之处便是选址和营销，然而从物流配送的角度来看，麦当劳在这方面与同行业的竞争中也是可圈可点的。麦当劳的成功来自于多方面的努力，其中最关键的便是和其第三方物流服务商——夏晖公司的合作。

麦当劳公司旗下最知名的麦当劳品牌拥有超过 32000 家快餐厅，分布在全球 121 个国家和地区。另外，麦当劳公司现在还掌控着其他一些餐饮品牌，例如午后浓香咖啡（Aroma Cafe）、Boston Market、Chipotle 墨西哥大玉米饼快餐店、Donatos Pizza。麦当劳公司 2010 年的总收入达到 227.45 亿美元。麦当劳的黄金准则是"顾客至上，顾客永远第一"。最能体现麦当劳特色的重要原则是 QSCV 原则，即提供服务的最高标准是质量（Quality）、服务（Service）、清洁（Cleanliness）和价值（Value）。

二、问题提出

麦当劳物流配送的成功离不开其坚持不懈地投入,这一点在麦当劳餐厅开业之前所做的准备工作中就体现出来了。麦当劳餐厅完成选址之后,首要工作便是在当地建立生产、供应、运输等一系列的网络系统,通过这些来确保餐厅在第一时间获得高品质的原料供应。谈及麦当劳的物流,不得不说到夏晖公司。夏晖公司是麦当劳的第三方物流服务商,它不仅为麦当劳提供一系列的物流服务,还扮演了供应商的角色。

三、具体措施

一方面,麦当劳用委托代理的方式将物流业务承包给夏晖公司,夏晖公司为麦当劳代理制造、库存、配送及管理等活动;另一方面,夏晖公司还以供应商的身份为麦当劳管理库存,适时进行采购。两者一直以这样的方式进行了长达多年的密切合作,夏晖公司一直按照麦当劳对物流及食品质量的高要求为其提供服务,而麦当劳也没有将物流业务承包给其他的服务商。麦当劳通过夏晖公司建立的物流中心,为其各个餐厅完成订货、储存、运输及分发等一系列工作,并在各个餐厅与其供应商之间进行协调与连接,使各个餐厅物资畅通,食品的供应因此得到保证(如图4.2)。为满足麦当劳的服务需求,目前,夏晖公司斥巨资建立起全国性的服

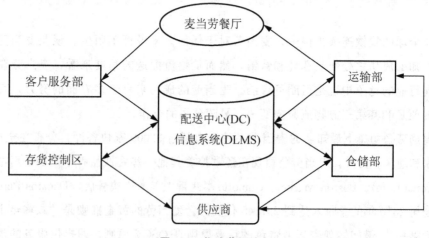

图 4.2 物流营运流程

务网络——除原设在香港和台湾的分发中心，夏晖公司在北京、上海、广州也设立了食品分发中心，同时在沈阳、成都、武汉、厦门建立了卫星分发中心和配送站。

夏晖公司在麦当劳物流运作中的地位不言而喻，它一直忠心耿耿地为麦当劳提供服务，而麦当劳也没有"移情别恋"，一直选择夏晖公司作为其"御用"第三方物流服务商，两者维持长达30多年默契的合作关系，秘诀是什么？从麦当劳方面来说，麦当劳重视物流，准确说是重视物流服务商提供的高品质服务，夏晖公司在提供物流服务方面做得非常出色。同时，为了集中精力发展核心业务，分担经营风险，提高绩效，麦当劳选择物流外包的策略。而从夏晖公司方面来说，它能提供麦当劳所要求的物流服务，有物流方面的优势资源可以集中利用，且有较高的信誉和专业的服务精神。这些体现了两者的合作需求，但只有合作需求是远远不够的，其中还有企业经营理念的支撑。麦当劳重视合作伙伴，不会亏待他们。举个例子来说，麦当劳在进军东南亚某国市场时，夏晖公司随之在当地建立配送中心，但因该国国内动荡使两者遭受巨大损失，而夏晖公司的损失则由麦当劳承担，麦当劳的企业精神在这里便可体现出来。

四、结束语

麦当劳的物流过去是领先者，现在是领导者，未来还在不断学习和改进中。麦当劳通过与夏晖公司的合作在物流配送方面取得成功，物流外包的策略有其可取之处，但长期的物流外包，且只选择单一的物流服务商，必然存在一定的风险，麦当劳应该在风险防范方面做更多的努力。

思 考 题

（1）麦当劳选择物流外包的原因是什么？
（2）麦当劳只选择夏晖公司做第三方物流服务商存在哪些风险，应如何防范？
（3）从麦当劳与夏晖公司的合作得到什么启示？

第五章 装卸作业

　　装卸搬运是随运输和保管而产生的必要的物流活动，是衔接运输、保管、包装、流通加工等物流活动的中间环节，以及在保管等活动中为进行检验、维护、保养所进行的装卸活动，如货物的装上卸下、移送、拣选、分类等。在物流活动的全过程中，装卸搬运活动是频繁发生的，因而是产品损坏的重要原因之一。对装卸搬运的管理，主要是对装卸搬运方式、装卸搬运机械设备的选择和合理配置与使用以及装卸搬运合理化，尽可能减少装卸搬运次数，以节约物流费用，获得较好的经济效益。

案例9　云南双鹤医药的装卸搬运

> **基本知识点**
>
> （1）装卸搬运：在同一地域范围内（如车站范围、工厂范围、仓库内部等）以改变"物"的存放、支承状态的活动称为装卸，以改变"物"的空间位置的活动称为搬运，两者全称装卸搬运。
>
> （2）搬运活性：指物料的存放状态对搬运作业的难易程度。散放在地上的物料要运走，需要经过集中、搬起、升起和运走四次作业，所需人工作业最多的活性水平最低。

一、案例背景

装卸搬运是物流各阶段之间相互转换的"桥梁"，在任何其他物流活动互相过渡时，都是以装卸搬运来衔接，因而，装卸搬运往往成为整个物流的"瓶颈"，是物流各功能之间能否形成有机联系和紧密衔接的关键，而这又是一个系统的关键。建立一个有效的物流系统，关键看这一衔接是否有效。

云南双鹤医药有限公司成立于2001年11月，是按现代企业制度运营的独立法人单位，是一个以市场为核心、现代医药科技为先导、金融支持为框架的新型公司，是西南地区经营药品品种较多、较全的医药专业公司，现已成为云南医药市场药品、化学试剂、医疗器械、商业流通的主力军，拥有医院销售、药品配送、医疗器械中心、化学试剂中心、"新农合"销售部等经营业务部门。

二、问题提出

装卸搬运活动是衔接物流各环节活动正常进行的关键，而云南双鹤恰好忽视了这一点,由于搬运设备的现代化程度低,只有几个小型货架和手推车,大多数作业仍处于人工作业为主的原始状态,工作效率低,且易损坏物品。另外仓库设计得不合理,造成长距离的搬运,并且库内作业流程混乱,形成重复搬运,大约有70%的无效搬运,这种过多的搬运次数,损坏了商品,也浪费了时间。

三、具体措施

要想构筑先进的物流系统,提高物流管理水平,需要减少装卸搬运环节,提高装卸作业的机械化程度,尽可能地实现作业的连续化,从而提高装卸效率,缩短装卸时间,降低物流成本,为此,云南双鹤医药采取了一些改进措施。

(1) 防止和消除无效作业。尽量减少装卸次数,尽量选择最短的作业路线以防止和消除无效搬运作业。

(2) 提高物品的装卸搬运活性指数。企业在堆码药品时事先考虑装卸搬运作业的方便性,把分类好的物品集中放在托盘上,以托盘为单元进行存放,既方便装卸搬运,又能妥善保管好物品。

(3) 积极实现装卸作业的省力化。装卸搬运环节通过科学分析,巧妙利用货物本身重力,尽量采用机械化作业,原有的人工作业逐步向有动力的各类运输带(板)改变,减轻了劳动强度和能量的消耗。

四、结束语

装卸搬运是物流过程中的重要一环,合理分解装卸搬运活动,对于改进装卸搬运各项作业、提高装卸搬运效率有着十分重要的意义。云南双鹤医药通过减少装卸搬运次数、提高装卸搬运活性指数,逐步实现装卸作业的省力化和物流管理水平的提升。

思 考 题

(1) 与一般物品相比,医药物品装卸搬运时更需要注意哪些方面?
(2) 装卸搬运合理化的基本原则。

第二部分
物流管理篇

第六章 物流服务管理

物流服务管理是物流管理中的重要内容，是以客户满意为最终目标的，其本质在于满足客户需求。在许多发达国家，现代的物流管理已经不仅仅是局限在降低物流成本上，而是通过提供最适宜的物流服务实现企业效益的最大化。物流服务已成为企业打造核心竞争力，实现经营和发展战略目标的重要手段。

案例 10　华瑞物流全面启动增值服务

> **基本知识点**
>
> （1）仓储增值服务：一般是指在仓储常规服务的基础上延伸出来的相关服务。
>
> （2）SKU（Stock Keeping Unit）：指库存量单位，即库存进出计量的单位，可以是以件、盒、托盘等为单位。

一、案例背景

随着国内物流市场发展日趋成熟，物流企业靠资产、设施、关系来立足和竞争的时代已经过去，企业必须树立新的标杆。对靠服务制胜的物流企业来说，超越单一的物流服务，转向为客户提供增值服务，以提升企业的品牌知名度和核心竞争力已成为物流企业冲出重围的一条新思路。在行业利润不断摊薄的境况下，增值服务也就成为物流企业竞相追逐的一块新奶酪。从物流增值服务的起源来看，仓储的延伸服务有原料质检、库存查询、库存补充、各种形式的流通加工服务，以及配送服务的集货、分拣包装、配套装配、条码生成、贴标签、自动补货等。这种增值服务要求物流企业需具备协调和利用其他物流企业资源的能力，以确保企业所承担的货物交付任务能以最合理的方式、尽可能小的成本来完成，最终满足客户的需要，为客户提供超出常规的服务。

华瑞物流股份有限公司组建于 2008 年 3 月，是一家由浙江华瑞集团控股、按照现代企业制度建立起来的综合型 5A 级物流企业。主营业务涵盖水陆运输、仓储配送、码头中转、货运代理、质押融资等；华瑞物流始终坚持"精于流通、专注服务"的经营理念，致力于打造具有华瑞特色的四维物流模式，如图 6.1 所示。华瑞四维物流理念的成功实践就是增值仓储。

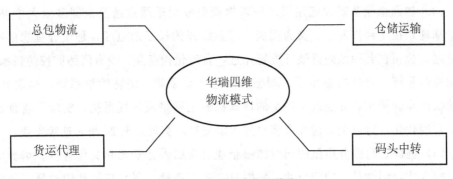

图 6.1 华瑞四维物流模式

二、问题提出

目前我国大部分中小企业仓储存在诸多问题,华瑞物流也存在弊端,比如华瑞物流在管理机制方面,各部门出于自己的利益与方便,建立属于自己的仓库,形成了各部门分割、地区分割、自备仓库自己用、相互封闭以及重复建设等局面。造成资金分散,管理落后;仓库功能单一,设备陈旧落后;仓库空间利用率较低;仓管员素质不高等后果。

三、具体措施

根据这些情况,华瑞物流也提出了相应的解决方案。华瑞增强了对现代物流理念的认识,加快引进和培育现代物流人才,构筑起工商企业现代物流管理体系以及与现代物流业发展相适应的交通和信息网络。

(1) 改善现行的仓储管理体制,形成统一的仓储市场体系,实现仓储管理的专门化。华瑞物流对原来分割于各个部门的不同物流环节进行一体化经营和管理的服务组织方式,必然要求打破原有市场条块分割、行政垄断的格局,因而,要构筑好现代化的运输和信息系统平台。

(2) 完善仓储功能多元化。有机整合的多元化模式,能给客户提供全方位的支持。仓储信息化是华瑞物流的又一个特点。华瑞集团下属的华瑞信息技术公司,建有"中国化纤信息网""中国棉纺信息网"等国内外知名网站,其强大的网络平台和专业队伍,使华瑞物流的客户能获得市场信息、远程物流资讯查询、物流 ERP 软件等多种信息支持,为华瑞物流实现仓储增值服务提供依据。

(3) 加强企业基础设施建设。华瑞物流服务配送网点遍及全国多个大中城市。这些基地均位于经济发达、交通便捷、辐射纵深的长三角地区，是十分理想的物流集散地。公司在各库区内部硬件配置先进，自动化程度高，设有闭路监控防盗系统、智能通信系统、红外报警系统、烟感和温感报警系统、消防喷淋系统、恒温装置、电动横吊车和铲车，并建成了完整的计算机通信网络及管理系统，实现了管理的信息化和现代化，可以全方位配合客户的大宗交易，实现全天 24 小时连续作业。

(4) 提高自身服务质量的同时加强企业自身的人才管理和文化宣传。培养属于自己的人才，调动员工的积极性、发挥员工的创造性。研究挖掘和调动员工的积极性和创造性的途径：一是普及物流知识，努力提高现有从业人员的素质；二是建立吸引物流人才的机制；建议政府把引进物流专业人才纳入引进紧缺人才计划，吸引高素质人才落户本地；三是充分发挥物流行业协会的作用。通过行业协会，能培养和引进高层次的物流管理人才、技术人才、教育人才，给物流同仁提供了一个发掘人才，相互学习，交流经验的机会。

(5) 提供解决客户融资难的金融仓储服务。小企业融资难一直是江浙地区企业令人头痛的问题。为此华瑞和多家银行合作，利用自身规范的仓储管理，提供仓储货物质押服务，如图 6.2 所示。制造商将一批纺织化纤产品存入华瑞的仓库，华瑞按规定流程进行验收检验，向其出具仓单并通知银行。银行根据三方协议，将仓单质押后给企业提供一定额度的贷款，企业到期还款后银行再通知仓库解除货物的质押，必要时，华瑞信息公司利用其强大的纺织化纤专家团队提供货物估值、市场行情分析等咨询服务。另外，制造商可利用华瑞的保税仓库，对进口原料入库暂缓缴税和出口产品入库提前退税，这在一定程度上为企业缓解了资金压力。

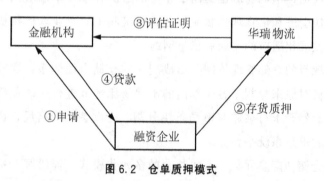

图 6.2　仓单质押模式

(6) 选择合适地点作为仓库和物流中心。选择合适的仓库地点并采用高效的仓储设施，提高库存单位(SKU)容积率，降低货品的破损率，以及采用高效的库存条码管理系统、信息查询系统。

四、结束语

华瑞物流紧密围绕"敬业、精业、勤业"的企业理念,和"安全、高效、快捷"的服务宗旨,提高和完善仓储服务水平,努力提供一流的场所设施和完备的服务,从制度上、流程上、服务质量标准与控制上,对现有的业务项目进行优化管理。通过与国内外知名第三方物流企业的合作,提高自身物流管理、规划和策划能力,进入更深层次的供应链管理,为物流行业开展增值仓储服务建设提供了经验,也获得了广大客户的一致认可。

思 考 题

(1) 华瑞物流开展增值仓储服务与其他企业相比有何特色?
(2) 企业发展物流增值服务的途径和方法有哪些?

案例 11　德邦公司精准物流服务理念

> **基本知识点**
>
> （1）精准物流：指在原有物流基础上，在运输方面精准把控货物在下单、运输等流程中的每一个细小环节，确保货物百分之百安全到达；在时效方面通过标准化的作业，运输过程的实时监控，保证在承诺时间内准时到达。
>
> （2）精准卡航：基于卡车运输基础上的一项精品服务，改善了普通卡车服务的不足，提升了普通卡车运输的效率和品质，满足了时效性和安全性要求高、追求优质服务品质的客户要求。

一、案例背景

伴随着世界经济全球化、市场化、信息化的大潮流，国内物流业蓬勃发展，第三方物流企业要在激烈的市场环境中处于不败之地，需逐步提升客户服务理念，让服务营销理念与公司的发展相互融合，相得益彰。

德邦物流股份有限公司是国家"AAAAA"级物流企业，创始于1996年，主营国内公路零担运输业务。截至2013年3月，公司已在全国31个省级行政区开设直营网点2900多家，服务网络遍及全国，自有营运车辆5400余台，全国转运中心总面积超过85万平方米，日吞吐货量近3万吨。公司以每年超过60%的增长速度在中国物流行业迅速崛起，历经17年，现已发展成国内物流货运行业的标杆。作为一家国内规模最大的民营公路零担运输企业，德邦始终坚持自建营业网点、自购进口车辆，并通过搭建最优线路、优化运力成本等举措来打造更好的运输网络和标准化体系，为客户提供快速高效、便捷及时、安全可靠的服务体验，努力将德邦打造成为中国人首选的国内物流运营商，实现"为中国提速"的使命。

二、问题提出

尽管德邦物流已经走过了 17 年,在我国的第三方物流企业中发展得比较好,但是企业中存在的一些客户服务方面的问题仍阻碍着它的快速发展,见表 6-1。

表 6-1 德邦物流存在问题表现

序号	存 在 问 题	具 体 表 现
1	客户关系管理不够完善	客户资料不完整
		没有对客户价值进行评估
		对公司潜在客户的挖掘不够
		缺乏对客户的回访和有效沟通
2	客户服务内容不够丰富	服务品种少
		增值服务薄弱
		综合性物流服务缺乏

(1) 客户关系管理不够完善。表现在:①客户资料不完整,对于有些客户资料的收集,还停留在客户填写的托运单上,缺少对真实客户的完整记录;②没有对客户价值进行评估,对公司潜在客户的挖掘不够;③缺乏对客户的回访和有效沟通。

(2) 客户服务内容不够丰富。服务品种少,增值服务薄弱,缺乏综合性物流服务。

三、具体措施

要在激烈的市场竞争中占有一席之地,德邦意识到需要转变经营服务理念,致力做客户的优秀物流服务商。2009 年,德邦针对中高端客户推出精准卡航业务,它属于公路快运的一种精准物流服务,运输物资主要是企业的生产资料和产成品,对货物运输的安全性、时效性和服务质量都有较高要求。精准卡航采用进口 VOLVO/SCANIA 等全封闭厢式快车,以及 GPS 定位、短信、电话、网络等实现全程货物跟踪,以最优的线路,为货物优先配载。

此外,德邦物流在精准物流服务推行过程中积极探索改善客户服务的措施。

(1) 完善客户数据库。通过物流信息系统建立起完善的客户档案,包括客户服务偏好、购买时间、购买频率等一系列内容。

（2）个性化定制服务。根据每位顾客的个性化需求提供相应服务，通过为其提供一对一的定制服务，来培养客户对公司的信任与依赖。

（3）开展顾客接触计划。通过与客户的良好沟通与交流，能够及时发现客户的潜在需求，从而提高客户满意度，建立长期稳定的合作关系。

（4）增加增值服务内容。精准卡航除了为客户提供包括代收货款、保价运输、安全包装等增值服务外，还可以免费提供快递包装、免费打印运单、免费提供全天候收货和发货窗口等服务。

四、结束语

精准物流的推行要求德邦物流公司不断增强员工的服务意识，做到想顾客所想，予顾客所需。未来，德邦物流公司将继续秉承"承载信任、助力成功"的服务理念，不断为客户提供优质、高效的物流服务，实现企业更快、更好地发展。

思 考 题

（1）德邦物流公司是怎样提升客户服务水平的？
（2）德邦物流公司的物流服务理念给同行企业什么启示？

第七章 物流信息管理

　　物流信息管理是指运用计划、组织、指挥、协调、控制等基本职能对物流信息资源进行统一规划和组织，并对物流信息的收集、加工、存储、检索、传递和应用的全过程进行合理控制，从而使物流供应链各环节协调一致，实现信息共享和互动，减少信息冗余和错误，辅助决策支持，改善客户关系，最终实现信息流、资金流、商流、物流的高度统一，达到提高物流供应链竞争力的目的。

案例 12　国美 ERP 系统引领行业潮流

> **基本知识点**
>
> （1）企业资源计划（Enterprise Resource Planning，ERP）：利用计算机技术，把企业的物流、人流、资金流、信息流统一起来进行管理，把客户需要和企业内部的生产经营活动以及供应商的资源整合在一起，为企业决策层提供解决企业产品成本问题、提高作业效率及资金的运营情况一系列问题，使之成为能完全按用户需求进行经营管理的一种全新的行之有效的管理方法。
>
> （2）订单协同：基于现代制造和供应链管理思想，由生产计划驱动采购计划，以 JIT 配送思想为指导，在供应链运作中，面向核心企业及其供应商构建的供应业务协作平台。

一、案例背景

家电行业的竞争日趋激烈，各种家电企业不断通过规模的扩张来适应市场的发展和提升自己的竞争力。国美电器依靠其独特创新的信息化系统引领行业潮流，为消费者提供个性化、多样化的服务，国美品牌得到中国广大消费者的青睐。

国美电器成立于 1987 年 1 月 1 日，是中国最大的以家电零售为主的全国性连锁企业之一。国美电器在中国大中型城市拥有直营门店 1700 多家，年销售能力千亿元以上。

二、问题提出

作为具有卓越竞争力的民族连锁零售企业，国美电器坚持"薄利多销，服务当先"的经营理念，依靠准确的市场定位和不断创新的经营策略，引领家电消费潮流。如此辉煌的成绩很大一部分要得益于国美对于信息化系统的投入与开发。

三、具体措施

2011年12月1日，国美电器宣布，国美 ERP 系统的成功上线，实现了制造商与渠道商的共赢。ERP 的成功上线给国美的发展再次注入了巨大的活力，ERP 系统使国美在产品供应、物流送货、上门安装等方面的服务能力大大提升，在家电行业遥遥领先。

国美 ERP 系统构建了真正的联合供应体，实现了订单协同、库存协同等多个协同。在订单协同方面，通过 ERP 系统的补货数据，国美可以每周向供应商发布准确的订单。系统可预测出补货需求，由国美品类部合理调整后将数据发给供应商，这样既可保证80%以上订单的准确性，也方便供应商提前做好产品的物料准备。国美新的 ERP 上线以后，更大程度上保障了货物的供给需求，同时系统支持全国库存分享到门店，极大程度上增强了商品流通的能力，保证有货率，减少库存积压；在库存协同方面，国美每月向供应商提供一次精细化到地区的库存分拆数据，可针对需求双方共同协作处理的问题做出解释。

同时，国美 ERP 系统创新性地运用了全球领先的批次管理模型，批次管理能够管理每一个单独商品的整个生命周期，包括从订单到入库，到门店，到消费者，甚至到售后的全部流程（图 7.1），所有数据均在系统有非常明确地体现。因此，系统得以优化与供应商的采购、退换货、促销、结算等一系列流程，真正做到与所有供应商之间的交易都基于真实的、客观的数据。这也就打破了此前家电产业链供需不对接的痼疾，实现了信息的共享与透明，供应商借助国美开放的 ERP 系统和权限，可以实时掌握终端的销售、库存信息，从而更好地安排生产与配送。

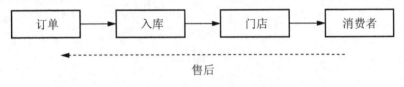

图 7.1 ERP 系统中一个单独商品的流程

ERP 的上线还把国美网上商城带进了一个崭新的阶段。电子商务的核心系统就是后台信息管理系统，而作为全球最先进的信息化系统，ERP 系统充分保证了国美物流、资金流、信息流的高效整合，再加上领先的订单执行系统，国美网上商城不

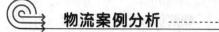

仅可以实时掌握每一个环节，实现订单过程的可控性，而且还可以通过数据化的需求来推动供应商逐步实现标准化和模块化，最终降低整条供需链的成本，也从根本上杜绝了丢单、订单不执行和信息滞后等问题。

四、结束语

国美ERP的成功上线，使每个环节的资源都得到最合理的利用，优化了资源配置，提高了企业整体效率，同时也在家电零售行业树立了新标杆。

思 考 题

（1）企业的信息化建设需充分考虑实际，国美的ERP系统是如何将其系统与具体实际相结合的？

（2）结合上述案例思考企业在设计信息系统的时候会遇到什么问题？

案例 13　信息实现中海价值

 基本知识点

（1）电子数据互换（Electronic Data Interchange，EDI）：它是一种在公司之间传输订单、发票等作业文件的电子化手段。

（2）地理信息系统（Geographic Information System，GIS）：它是以地理空间数据库为基础，在计算机软硬件的支持下，运用系统工程和信息科学的理论，科学管理和综合分析具有空间内涵的地理数据，以提供管理、决策等所需信息的技术系统。

一、案例背景

随着信息网络的不断扩大延伸，物流信息化也在物流企业起着举足轻重的作用。它是提升企业核心竞争力的关键因素，对于缩短订货提前期，降低库存水平，提高搬运和运输效率，减少递送时间，提高订货、发货精度和物流企业整体竞争力都有重大意义。物流信息技术如 EDI 技术、条形码技术、GIS 技术等也开始广泛应用于物流服务当中。

中海集团物流有限公司（以下简称中海物流）是中国海运（集团）总公司直属的专业从事综合物流的国有大型企业，是我国大型综合物流企业之一。中海物流成立于 1998 年 3 月，现有注册资金 47080 万元人民币，总部位于上海。在全国设有北方、华北、山东、华东、福建、华南、海南区域公司和中西部八大区域公司，近 80 个服务网点覆盖国内主要大中城市，提供完善优质的仓储服务和集疏运服务。

二、问题提出

中海物流的公司分布区域广，服务网点多，那么必须做到业务流程的有效衔接，保证业务活动的顺利开展，这些对于中海物流的信息系统设计都是巨大的考验。

三、具体措施

中海集团物流信息系统的第一个特点是实行高效的网络化管理。借助于电子管理信息平台，通过数据交换系统及 Internet 技术将公司总部与全国八大区域公司管理总部、各中心所属的配送中心以及各网点营运中心联结成一个高效的物流信息管理网络，便于公司内部统一管理，所有的业务活动都是以总部为中心来统筹指挥的，形成"一个心脏跳动"模式。

中海集团物流信息系统另一个特点是能通过第三方物流信息系统成熟地支持多用户。针对客户的业务特点，在与不同客户的系统接口中，设置不同委托人的不同参数，进行多委托人的数据交换互动，通过这个系统中海物流可以实现不同客户数据的平滑过渡。中海物流在信息化进程中的创新与改进都是紧紧围绕着以上的特点展开的。

现在整个中海物流采用的是三级管理模式：总部管片区，片区管口岸。总部代表集团负责领导、管理、计划、协调中海的物流业务；片区公司在总部的领导和管理下，经营各所属片区的配送业务、仓储业务、车队业务、揽货业务等；口岸公司在片区公司的管理下，进行揽货、配送的具体业务操作，并负责业务数据采集。对于这样一套完整而庞大的业务流程，必须有一个功能完善、设备齐全的信息系统来作支撑。而中海物流也是与招商迪辰公司合作，在全国范围内应用一套企业级集成的系统，能实现信息的共享与交换，并保持数据的一致。该系统的核心就是以市场需求为驱动，以计划调度为核心，使物流各环节协同运作。它需要集成管理企业的计划、指标、报表、结算等，可层层细化与监控，并有统一的企业单证、报表、台账格式，而且有良好的扩展性和开放结构。

同时更为关键的是，系统建成后应当是一套面向订单流的信息系统，从接受客户委托开始，到订单管理，围绕订单制订物流方案、落实相关运力或仓储等物流资源，再到调度直至物流作业、质量监控等环节，都要有一个平滑共享的信息流。

系统应用效果很快得以体现,在对海信的服务中,海信所有的客户需求发送到当地销售公司,再到总部销售中心,然后转到总部物流部,接着再到物流中心,继而转至操作点,整个过程可以说是全部无纸化,实现了无缝连接,如图 7.2 所示。中海物流给海信的承诺是全程两小时,但实际上最快只需几分钟。

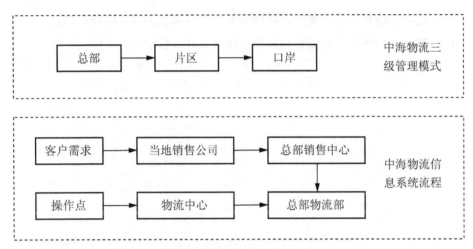

图 7.2 中海物流管理模式和物流信息系统流程

中海物流一直在完善自己的物流信息系统以此来更好地为客户服务,其中有 WMS(仓储管理)系统,该系统主要为现代物流仓储和配送业务提供全程服务;TMS(多式联运)系统,该系统支持各种运输方式(海运、铁路、空运、公路、集卡运输)进行单一的或者多种运输方式结合的单程或多程的运输综合服务;GPS(全球卫星定位)系统,GPS 车辆监控管理服务平台是一个基于 Internet 的,适用于各区域公司的车辆跟踪、车辆管理、车辆调度等业务的应用软件平台;EC(电子商务)系统,该 EC 系统面向客户建立了一个统一的电子商务平台,实现网上下单、网上跟踪、网上报价、网上对账等主体功能。

四、结束语

一个完善的物流信息化系统可以为企业带来巨大的经济利润,也能在很大程度上提升企业在同行之间的竞争力。物流信息化系统的建设是每个企业都应该重视和努力的方向,企业要对信息系统不断地改进与创新,充分发挥它的作用。

思 考 题

(1) 在物流信息化的进程中,我国物流企业普遍会遇到一些什么问题?

(2) 通过对中海物流的信息化进程描述得到什么启示?

第八章 物流决策管理

　　物流决策就是从战略的角度，整合企业的所有资源，采用合理的物流模式，以降低成本、提高顾客服务水平。随着社会专业化分工的不断深入和细化，越来越多的企业将主要资源和精力集中在自己的核心业务，而将非核心业务以外包的形式交给专业公司去管理。物流业务自营还是外包是一个非常复杂的决策问题，需要考虑到企业自身的战略、所处的竞争环境、企业经济状况、外包风险等多方面因素。

案例 14　京东商城——自建物流的选择

> **基本知识点**
>
> （1）配送（Distribution）：在经济合理区域范围内，根据客户要求，对物品进行拣选、加工、包装、分割、组配等作业，并按时送达指定地点的物流活动。
>
> （2）配送中心（Distribution Center）：从事配送业务具有完善的信息网络的场所或组织，应基本符合下列要求：①主要为特定的用户服务；②配送功能健全；③辐射范围小；④多品种、小批量、多批次、短周期；⑤主要为末端客户提供配送服务。
>
> （3）第三方物流（Third—part Logistics）：由供方与需方以外的物流企业提供物流服务的业务模式。
>
> （4）共同配送（Joint Distribution）：由多个企业联合组织实施的配送活动。

一、案例背景

近年来，电子商务的发展蒸蒸日上，我国网购市场正在迅速成长。但与此同时，国内物流的发展水平却无法与电子商务行业的配送需求相匹配。企业一方面要面对市场竞争环境的变化，一方面要结合自身实力与需求，第三方物流俨然成为电子商务企业的主流选择。据了解，目前国内大多数电子商务企业都选择将物流的配送环节外包给专业物流公司，而京东商城，这个 B2C 市场中的佼佼者，在准备突破这个行业瓶颈时，选择了自建物流。

京东商城是中国 B2C 市场最大的 3C 网购专业平台，是中国电子商务领域最受消费者欢迎和最具影响力的电子商务网站之一。京东商城目前拥有遍及全国各地的

2500万注册用户,近6000家供应商,在线销售家电、数码通信、电脑、家居百货、服装服饰、母婴、图书、食品等11大类数万个品牌的百万种优质产品。2010年,京东商城跃居为中国首家规模超过百亿的网络零售企业,连续六年增长率超过200%,现占据中国网络零售份额35.6%,连续十个季度蝉联行业头名。

二、问题提出

第三方物流是目前大多数电子商务企业解决配送问题的主要方式,然而面对顾客需求的个性化、多样化要求,第三方物流的配合不到位又成为制约电子商务企业发展的重要原因。为了更好地满足顾客需要,持续提升企业利润,京东商城以其敏锐的视角选择了独树一帜地自建物流,具体原因和做法有哪些呢?

三、具体措施

首先,中国的第三方物流企业规模较小,其单一的服务功能无法满足电子商务企业和消费者的需求。其次,第三方物流企业物流管理信息系统不完善,电子商务企业无法对配送环节进行掌控,易造成配送不及时等问题,同时无法及时对客户满意度进行监管。再者,第三方物流企业配送存在规范性问题,配送员对产品特性的不了解让货品破损问题时有发生。除此之外,出于对客户信息的保护,也成为京东自建物流的原因之一。自建物流实现后,京东成为最早推出"211"限时到达服务,拥有最大物流配送中心,并试图打造最先进物流中心的电子商务公司。

物流配送模式一般分为自营配送模式、第三方物流配送模式、物流一体化配送模式和共同配送模式。京东在自建物流之后,即选择自营配送模式,并没有完全放弃第三方物流配送模式,相反,京东将两种配送模式合理地进行了结合,如图8.1所示。

2009年京东宣布成立自己的快递公司之后,在上海投资2000万元成立快递公司,同时在苏州、杭州、天津、深圳、南京等七个城市开通配送站,由此基本建立了自己的物流系统,有了自身可以依靠的配送队伍。京东商城在2010年获得了100亿元的销售额,对此贡献较大的仍然仅限于北京、上海、广州等经济发达的城市,这是因为京东商城在北京、上海、广州、成都这四个主要顾客构成的城市建立了自己的物流体系。随着互联网应用的深入和京东自身业务的发展,其业务阵营已经拓展到二、三线城市,京东欲在全国范围内建立起自己的配送网络,但如果在全国每

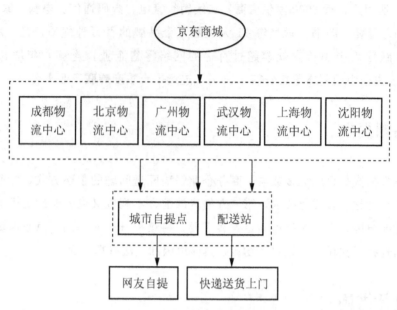

图 8.1 京东自建物流体系流程

个二级城市都建立起自己的物流或运输公司，成本将高达数百亿，而大多数电子商务企业选择与第三方物流企业合作完成配送，就是因为自建物流的投资风险及资金的灵活流通问题，这对于京东商城，同样是无法小视的问题。为此，京东在北京、上海、广州之外的其他城市，选择与当地快递公司合作来完成配送任务，这样大大提高了配送的灵活性。另外在配送大家电时，京东又选择与厂商合作，不仅节约了成本，又利用了厂商的知名度达到为京东宣传的目的。除了与第三方物流企业合作，京东还在各地招聘高校代理，解决了送货难和消费者取货难的问题。

四、结束语

有了京东自营配送模式的支持，京东才能在 2010 年 4 月成功推出"211"限时达服务，高效率的客户服务获得了更高的客户满意度，订单量也因此呈上升趋势。京东商城两种物流模式的结合带来了很多好处，自营模式增加了配送速度，节省了仓储成本、采购成本，对客户满意度能进行更好的监管，满足了京东的深度发展；第三方物流模式节省了运输成本，增强了配送的灵活性，使京东适应在各个地区的广度发展。可以说，京东的这一大胆创举与成功运营为我国电子商务企业突破行业瓶颈提供了范例，也应该引起我国第三方物流企业的思考。从长远来说，在购物方式逐渐改变、电子商务行业逐渐发展的今天，京东所面临的既有机遇也有挑战，京东还必须在不断发展的过程中完善物流系统并保持和第三方物流企业的最佳平衡，这样京东才能走向更加成熟美好的明天。

思 考 题

（1）京东商城的物流配送模式的选择基于哪些原因？

（2）京东商城的自建物流配送模式取得了哪些效果？

物流案例分析

案例 15　联合利华的物流外包上海友谊的决策

 基本知识点

（1）外包：指企业动态地配置自身和其他企业的功能和服务，并利用企业外部的资源为企业内部的生产和经营服务。

（2）合作伙伴关系：人与人之间或企业与企业之间达成的最高层次的合作关系，它是指在相互信任的基础上，双方为了实现共同的目标而采取的共担风险、共享利益的长期合作关系。

一、案例背景

联合利华集团是全球第二大消费用品制造商，主要从事食品及洗剂用品经营，其在全球 75 个国家设有庞大的事业网络，拥有 500 家子公司，员工总数近 30 万人，年营业额超过 400 亿美元，是全世界获利最佳的公司之一。"联合利华"这一跨国公司进入中国后，希望遵循国际上的运作模式，摒弃物流这一繁杂环节，将主要精力放在新产品的开发和销售上，因此，对于这样一个实物量很大、本身又实施零库存作业方式的制造商来讲，选择一个可靠、高效的物流服务商显得非常重要。

上海友谊集团物流有限公司是由原上海商业储运公司分离、改制而来，主要物流基地地处杨浦区复兴岛，自 20 世纪 90 年代初便为国际上最大的日用消费品公司——联合利华集团提供专业的物流服务，并与其建立了良好的物流合作伙伴关系。

二、问题提出

联合利华生产的产品，下了生产线以后全部外包给上海友谊物流集团公司做，包括储运、盘点、货物的流通加工(如消毒、清洁、礼品和促销包装、贴标签、热塑封口等)。联合利华就可以集中精力开发新产品以及扩大市场网络。友谊物流是如何完成联合利华外包业务并与其保持紧密合作的呢？

三、具体措施

友谊物流秉承"顾客的需求就是工作的出发点，顾客的满意就是工作的终结点"的服务理念，为联合利华提供 24 小时发货信息的联网服务，对方随时可以上网查询货物现在所在的地点，并且友谊物流公司还与联合利华休息时间一致，保持全天候储运。

友谊物流每年与联合利华签订一次合同，对双方的职责、权利、义务作明确的约定，同时双方合作伙伴关系的一个明显体现是联合利华负责物流的有关人员与友谊物流人员联合在现场办公，共同处理日常事务，并及时掌握上海总库与全国十二个城市中转库的信息，协调好整个物流的各个环节，确保货畅其流，提高服务质量。

除了为客户改变作业时间，友谊物流根据不同商品、流向、需求对象为联合利华更改作业方式，实现了最快速的产品入库。友谊物流还根据联合利华产品的特性及时间要求将储备库与配销库分离，并对仓库进行了重新布局，更好地为联合利华提供尽可能多的个性化增值服务。

此外，友谊物流为了降低运输的成本，采用了一种公交车的运输方式，就是用户可以随时装货和卸货，这样可以降低整个物流成本。这种公交车运输方式能够提高满载率，按照客户的分布对物流的路线进行策划。

四、结束语

高效、可靠的个性化物流服务能给企业运作带来强有力的支持，并使客户在竞争市场中具有不可模仿的优势，这也是友谊物流能够与联合利华合作成功的主要原因。

思 考 题

（1）物流服务商应具备哪些基本条件？
（2）选择物流服务商时要考虑哪些主要因素？

第三部分
供应链管理篇

第九章　合作伙伴关系管理

　　21世纪企业的竞争是供应链与供应链之间的竞争，如何发挥企业的核心优势，在竞争中取得胜利，供应链合作伙伴关系的协调程度起着决定性作用。合作伙伴关系是人与人之间或企业与企业之间达成的最高层次的合作关系，它是指在相互信任的基础上，双方为了实现共同的目标而采取的共担风险、共享利益的长期合作关系。

案例 16　从家乐福看零供关系的成与败

> **基本知识点**
>
> 供应商管理库存（Vendor Managed Inventory，VMI）：它是一种以用户和供应商双方都获得最低成本为目的，在一个共同的协议下由供应商管理库存，并不断监督协议执行情况和修正协议内容，使库存管理得到持续地改进的合作性策略。

一、案例背景

家乐福集团成立于 1959 年，是大卖场业态的首创者，也是欧洲第一大零售商，世界第二大国际化零售连锁集团。现拥有 11000 多家营运零售单位，业务范围遍及世界 30 个国家和地区，集团以三种主要经营业态引领市场：大型超市、超市以及折扣店。

近几年来家乐福在中国的经营与发展可谓是波折不断，危机重重。因分权模式而导致的采购商业贿赂事件，过度地压榨供应商引发了众多供应商的抵制行为，"撤店门"等一系列事件让家乐福屡遭重创。

二、问题提出

家乐福在处理与供应商的关系上既有不当之处，也有值得借鉴的地方。在零供关系上，家乐福曾备受指责，具体原因有哪些？家乐福作为欧洲第一、全球第二的零售商是如何妥善解决这些问题并管理供应商的呢？

三、具体措施

家乐福与供应商的关系一直存在着矛盾与冲突，这主要归结于家乐福的三种盈利模式。

（1）利用强势地位压低采购成本。由于供应商对零售商存在严重的依赖性，对于家乐福的不公平要求也只能接受，以低成本向其供货。

（2）家乐福向供应商收取名目过多的费用，比如说促销费、新店开业费、折扣费、堆头费、海报费、卡夹费、特殊位置占用费等高额费用，这些费用也是家乐福一部分利润的来源。

（3）家乐福还延迟与供应商的货款结算周期，转移风险。像沃尔玛、大润发等货款结算周期都是在一个月左右，而家乐福却要60多天，目的在于占用大量资金来开拓市场和盈利。

通过挤压供应商的利润，家乐福也就做到了物美价廉，吸引了大量的消费者，但同时也为自己带来了不少麻烦。2010年，由于不满家乐福的过分"压榨"，中粮、康师傅、三九油脂纷纷公开指责家乐福收费过高，发起了对家乐福的集体抵制，一些小供应商也选择了从家乐福低调退场。

但是在另一方面，家乐福对于供应商的管理也是值得国内外其他零售商借鉴的。

（1）家乐福会对它所有的供应商建档，以获得与供应商长期稳定的合作关系。在建档的基础上再对供应商进行分类，家乐福的大卖场会将其数千家供应商分为A、B、C三类，呈橄榄型，比例分别为20％、50％和30％，如图9.1所示。占20％的

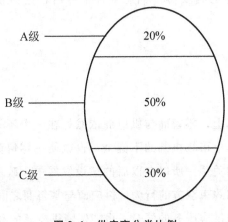

图9.1 供应商分类比例

称为主力或重要供应商(A级,即业务关系很密切),比例为50%的称为较重要供应商(B级,即比较密切),另外30%的供应商称为可选择性供应商(C级,即一般供应商)。

家乐福对重要供应商的区别对待主要体现在以下几个方面:①新商品的申报政策;②优先付款政策;③陈列方式与陈列位置;④促销安排上的倾斜,一切都是以重要供应商利益最大为优先选择。实行分类管理的目的是因为重要供应商是家乐福主要的利润来源点,为重要的供应商提供优质的服务与管理的同时能最大限度地提高自己的收益。

(2)家乐福对供应商的信息化管理。家乐福和供应商之间的联系采用的是EDI系统,目的在于使交易透明化,同时实现信息共享,提高工作效率最终达到共赢的效果。同时家乐福也为供应商提供双渠道的配送系统。家乐福经营的商品达数万种,要将商品配送至各地的几十家分店显然非常费时、费力,为解决这些配送问题,他们主要采用两种方式:①供应商直送。当公司接收到订单后直接以EDI的方式传递给供应商,然后供应商直接将商品送至各分店。这里特别要提出的是家乐福与雀巢共同实施的VMI计划。VMI的核心思想在于零售商放弃商品库存控制权,而由供应商掌握供应链上的商品库存动向,即由供应商依据零售商提供的每日商品销售资料和库存情况来集中管理库存,替零售商下订单或连续补货,从而实现对顾客需求变化的快速反应。整个合作过程下来,双方均受益匪浅。而对于家乐福而言,则是大大提升了市场反应能力和市场竞争能力,两者的关系不仅仅局限于一个利益交换的过程,而是上升到一个共同合作,利益共享的关系。②配送至物流中心。各分店传送至物流中心和供应商,供应商只需要把商品送至物流中心,同时物流中心再安排车辆运至各个分店,这样就可以大大减少供应商的物流成本。

四、结束语

在我国现在的市场上,零售商与供应商依然处在一个不平等的地位,供应商严重依赖于零售商,再加上市场机制的不健全,也就使得零售商与供应商难以达到一个平等合作共同受益的关系。所以在以后的建设发展中,政府应该制定更完善更合理的法律法规来规范和约束双方的行为;供应商与零售商之间要发展共同赢利模式,在零售商能得到优质的供应服务的同时,也能保障供应商的利益。

思 考 题

（1）供应商的分类管理对家乐福经营发展有何积极作用？
（2）对于供应商而言，具体应该怎么做才能实现与零售商真正的共同合作呢？

案例17 "惠尔－家化"合作模式

> **基本知识点**
>
> 合作伙伴关系：人与人之间或企业与企业之间达成的最高层次的合作关系，它是指在相互信任的基础上，双方为了实现共同的目标而采取的共担风险、共享利益的长期合作关系。

一、案例背景

上海家化以自行开发、生产、销售化妆品和个人护理用品、家庭保护用品、洗涤类清洁用品为主营业务的企业，拥有六神、美加净、清妃、佰草集、家安、舒欣、梦巴黎等诸多中国驰名品牌，占有很高的市场份额，也是中国最早、最大的民族化妆品企业。随着物流"第三利润源泉"的浪潮在国内兴起，上海家化也把惠尔作为自己的战略合作伙伴，经过为期五年的合作不仅实现了双赢格局，也开创了物流整体外包的先河。

成立于1992年的上海惠尔物流有限公司作为专业的第三方物流供应商，其业务范围涉及运输、仓储、拆零、分拣、包装、配送和整体物流方案设计等，全面快速解决快消品企业在销售物流环节的各种症结问题，帮助快消品企业快速增加销售额。2004年度被评为"中国物流百强企业第33强"、2004年度"中国民营物流企业前10强"，并于2005年被中国物流与采购联合会评为AAA级物流企业。十多年来，伴随中国物流业的发展，惠尔实现了持续高速的发展，目前已成长为国内领先的快消品销售物流服务提供商，为快消品企业客户提供个性化物流解决方案，利用遍及全国的区域分发中心(RDC)在24小时之内把客户产品配送到其销售终端或客户手中。目前公司已在国内21个城市建立了办事处，组建了区域分发中心(RDC)，在上海建有中央分发中心(CDC)。业务范围涉及全国近400个城市，远及新疆、青海等省。惠尔物流管理着各地数千辆各种类型的车辆，拥有 30 万平方米的仓库，并建有自主开发的强大的第三方物流信息系统，这些都为企业的长足发展构筑了良好的操作平台。

二、问题提出

家化原有的物流设施比较齐全，营销网络和仓储运输网络也相匹配，但企业庞大的物流管理团队，分散的仓储系统和众多的物流供应商使物流部门同制造部门、采购部门职能分工不够明晰，协调管理难度大，总体物流运作成本较高，各部门间信息沟通不畅，市场反应过缓，因此上海家化选择了将物流业务整体外包给惠尔物流。

三、具体措施

惠尔公司的物流咨询和运作专家在对上海家化物流运作系统各个环节全面考察的基础上，对总体物流成本进行深入分析，确定家化物流系统中需继续维持部分、可以改善部分、必须放弃部分，并采取了以下改进思路。

（1）减少现有仓储、运输、配送等物流供应商，整合资源，降低管理成本。

（2）改变现有的上海家化物流配送模式，采取仓库集中管理、统一配送模式，以减少参与运作的因素和环节，降低物流成本，提高物流运作效率，减少货损、货差现象。

（3）借用有效的社会资源，与专业第三方物流公司合作，整合现有的运作体系和人员，实现整体外包。

惠尔物流从人员、管理、设施和流程方面对上海家化物流系统进行全面整合，分四个阶段的措施，见表 9-1。

表 9-1 惠尔物流四阶段措施

阶　段	措　施
第一阶段	打通成品从上海地区发往全国各地的运输和终端配送渠道
第二阶段	压缩仓库数量，集中管理解决仓储分散问题
第三阶段	强化中央分发中心的管理
第四阶段	落实好物流实操工作，引进 JIT 生产模式

第一阶段：以上海总部成品物流为切入点，逐步打通成品从上海地区发往全国各地的运输和终端配送渠道，实现全国性运输网络的优化和管理。

第二阶段：压缩仓库数量，剔除经济效益低的仓库，并接管全国各地区域分发中心仓储、分拨和终端配送业务，通过集中管理解决仓储分散问题。

第三阶段：在规范、清晰整个物流脉络后，要进一步强化中央分发中心的管理。通过对中央工厂仓储管理、对外分拨、配送业务的高标准要求，不仅为全国和区域分发中心的管理奠定良好的基础，也可以通过辐射各网点起到一种带动作用。

第四阶段：利用集中管理带来的信息畅通效益，落实好物流实操工作。引进JIT生产模式，一方面降低物流成本，另一方面提高市场反应速度。

四、结束语

通过与惠尔物流公司的合作，家化公司的库存大幅度下降，资金周转速度加快，物流人员大幅度精简，市场反应也更加迅速，生产和销售的力量更加集中，市场竞争力加强。良好的合作伙伴关系使双方受益，相互信任将会使家化公司与惠尔公司之间的合作之路走得更远。

思 考 题

（1）企业间怎样建立长期合作伙伴关系？
（2）谈谈"惠尔－家化"合作模式带来的启示。

第十章　供应链管理

供应链至今尚无一个公认的定义，在供应链管理的发展过程中，许多专家和学者提出了大量的定义，反映了不同的时代背景，也是不同发展阶段的产物。根据这些定义可以看出供应链的发展经历了三个阶段：①早期的观点认为供应链是制造企业中的一个内部过程；②后来供应链的概念注意了与其他企业的联系；③现在供应链的概念更加注重围绕核心企业的网链关系，如核心企业与供应商、供应商的供应商乃至与一切前向的关系，与用户、用户的用户及一切后向的关系。供应链管理就是指在满足一定的客户服务水平的条件下，为了使整个供应链系统成本达到最小而把供应商、制造商、仓库、配送中心和渠道商等有效地组织在一起来进行的产品制造、转运、分销及销售的管理方法。供应链管理包括计划、采购、制造、配送、退货五大基本内容。

案例 18　美拜电子公司供应链成本管理策略

> （1）供应链成本管理：包括企业在采购、生产、销售过程中为支撑供应链运转所发生的一切物料成本、劳动成本、运输成本、设备成本等。供应链成本管理可以说是以成本为手段的供应链管理方法，也是有效管理供应链的一种新思路。
>
> （2）机会成本：指如果一项资源既能用于甲用途，又能用于其他的用途（由于资源的稀缺性，如果用于甲用途，就必须放弃其他用途），那么资源用于甲用途的机会成本，就是资源用于次好的、被放弃的其他用途本来可以得到的净收入。
>
> （3）交易成本：指获得准确的市场信息所需要付出的成本以及谈判和经常性契约的成本。

一、案例背景

随着手机使用越来越普遍，手机电池的需求也随之不断增加，在手机电池激烈的市场竞争中，供应链的存在和运作对于每个企业都是非常重要的。由于我国供应链管理的实施起步比较晚，有些企业在供应链运作中难免存在着一系列的问题。在生产制造企业供应链管理中，如何将其关键的供应商和销售商纳入系统范围内，有效地协调整个供应链系统的供应、销售，实现上下游成本控制的进一步优化，是企业继续做大、做强所亟须解决的重要问题。

深圳市美拜电子有限公司（以下简称美拜电子）创建于1998年，是一家集锂电保护集成线路、方型锂离子电池、圆柱形锂离子电池、聚合物锂离子电池、动力电池、成品电池等24伏以下电池的设计开发、生产和销售于一体的高新技术产业公司。美拜电子采用了目前国内最先进的生产设备，已推出400余种不同型号的锂离子电池，迄今产能达到日产8万只锂离子电池。由于电芯和保护集成线路的技术优势，电池组合产品迅速打开国际市场，现已为众多国外商家贴牌生产，畅销欧美、中东等几十个国家。

二、问题提出

美拜电子公司物流部门的实际操作和运转情况由于缺乏供应链管理思想而存在业务成本过高现象见表10-1。

（1）机会成本过高。由于美拜电子与众多供应商、销售商的合作基本上处于基础性阶段，缺乏对上下游企业的了解，更谈不上能够保持长久的合作关系。大多数的接触性交易，合作对象的频繁更替，相互之间不稳定的关系共同导致其上下游活动中潜在的机会成本偏高。

（2）交易成本过高。在上游活动中，一方面由于手机电池生产需要的原料比较多，如电芯、电池壳、电池标、钴酸锂等有机材料，所以导致了美拜电子的上游供应商不止一家，另一方面由于每一种材料的供应商也不止一家，所以造成了其与大量供应商保持交易的局面，因而导致了交易成本偏高。另外，由于在采购中，公司普遍采用电话及传真与供应商进行交易，电话及传真的频繁使用都造成了企业交易成本的增加。同样在下游活动中，由于美拜的电池大部分是销往国外，如德国、荷兰、阿富汗、土耳其、沙特阿拉伯等国家，这使得产销地距离较远，销售环节也比较复杂，加之以推销员争取订单为主的销售模式，使得下游活动中的交易成本居高不下。虽然美拜电子和其他企业一样也建有自己的网站，但是没有将网络应用于其与上下游企业采购和销售活动的互动之中，电脑只是作为简单的打字、制作订单之用，其采购和销售活动的手段和方式还停留在传统的方式上，这也大大增加了企业的上下游交易成本。

（3）运输成本过高。外销意味着较远的运输距离，这本身造成了其运输成本较高，加上美拜电子没有自己专门的运输车队，平时采购的一些样品大都采用特快专递，生产的产品在送往海关过程中每次使用的货车也不固定，随机性比较大，整个运输工作都缺乏合理的规划，这些都导致其在上下游活动中的运输成本偏高。

（4）购买成本过高。美拜电子在采购活动中，订单多是随机性的，虽然多数时候是按照下游的客户订单来确定原料的采购，但是由于其在采购活动中缺乏统筹和合理的采购分析，使得在订购原材料时比较分散，订购次数频繁发生，这往往使得其没法享受集中购买带来的价格优惠,所以购买价格比同行竞争对手采购价格略高。

(5) 服务成本过高。为吸引更多的销售商加入合作的行列,美拜电子不仅为他们多次耗资在国外开办展销会,还承诺为到公司洽谈业务的客户提供全程的免费服务。另外,推销员的整体谈判能力不强,导致达成一项交易所要承诺和承担的服务条款比较多,种种承诺和服务的存在使得其服务成本偏高。

表 10 - 1 美拜电子成本过高的表现及主要原因

	表 现	主 要 原 因
成本过高	机会成本过高	上下游客户频繁更替导致合作关系不稳定
	交易成本过高	采购与销售中的"有纸化"操作较多
	运输成本过高	外销距离远及运输规划不完善
	购买成本过高	订购次数频繁且缺乏统筹合理的采购分析
	服务成本过高	种种承诺和增值服务的存在

三、具体措施

随着供应链思想在企业运作中的广泛深入,美拜电子公司利用自身的资源,结合自身的实际情况,从供应链成本管理方面入手,走出了一条具有自己特点的道路。

(1) 打破目前企业与其交易对象的纯买卖关系,加强与上下游企业的长期合作。美拜电子公司逐步树立供应链合作的意识,在加强与上下游企业合作的基础上,建立了一套行之有效的供应商和销售商档案系统,通过对供应商和销售商实施科学合理的专业管理,尽可能地减少伙伴关系的变更,这样不仅可以显著降低交易成本,也可以减少潜在的机会成本。

(2) 打破传统的交易方式,充分利用现代信息技术。现代化企业应尽可能地利用计算机和互联网等高科技信息产业的成果,将无纸化技术与企业的上下游活动联系起来,美拜电子公司通过网上采购、网上销售,不仅实现了快捷的信息共享,减少人力、物力的耗费,还大大降低了企业的交易成本。

(3) 对运输工作进行全面的规划,力争实现合理优化的运输。美拜电子公司在熟悉采购活动和销售活动具体进展的基础上,优化运输渠道,积极探索并尽量选取成本较小且适合的企业完成运送。

(4) 加强对上游活动的分析,实现有计划的合理采购。通过对采购活动的分析,减少了没有计划的随机性采购,同时综合考虑供应链环境下上下游企业的利益和成本，在权衡利弊的条件下，制定一个更适合企业的经济改进批量，这样有利于交易成本与购买成本的相对降低。

（5）加强对采购及销售员的培训，建立高效的谈判队伍。塑造专职的采购及销售人员，不断加强其自身素质及谈判能力的培养。

四、结束语

要做到成本不断优化，任何企业都有很多问题要发现、很多工作要做。美拜电子公司通过采用供应链成本管理的思想，加强对上下游各类成本的控制和优化，在追求企业成本降低的同时，促进了企业与上下游客户间的关系，从而对企业的长远发展更加有利。

思 考 题

（1）生产企业供应链管理中通常存在哪些问题？
（2）美拜电子公司在降低各类供应链成本方面采取了哪些措施？

案例 19　杭州网营科技 QR 供应链管理战略

  基本知识点

> QR(*Quick Response*)：即快速响应，是指供应链成员企业之间建立战略合作伙伴关系，利用 EDI 等信息技术进行信息交换与信息共享，用高频率小数量配送方式补充商品，以实现缩短交货周期，减少中间环节，提高顾客服务水平和企业竞争力的一种供应链管理策略。

一、案例背景

要成功地实施供应链管理，使供应链真正成为有竞争力的武器，就要摒弃传统的管理思想，把企业内部以及节点企业之间的各种业务看作一个整体功能过程，形成集成化供应链管理体系。通过信息技术和管理，将企业生产经营过程中有关的人、技术、经营管理三要素有机地集成并优化运行，通过对生产经营过程的物料流、管理过程的信息流和决策过程的决策流进行有效的控制和协调，将企业内部的供应链与企业外部的供应链有机的集成起来进行管理，达到全局动态最优目标，以适应新的竞争环境下市场对生产和管理过程提出的高质量、高柔性和低成本的要求。

杭州网营科技有限公司(以下简称杭州网营科技)成立于 2009 年，是一家专门为品牌客户提供一站式电子商务解决方案的网络营运服务公司。公司致力于帮助企业建立独立的电子商务体系，打通电子商务销售链条，完善电子商务销售渠道，提升品牌客户价值。目前杭州网营科技服务于香港莎莎、立邦漆、大王纸尿裤、热风服饰、海澜之家、十月妈咪、大益、美的、猫人内衣等超过 150 家国内外知名品牌。公司的主要服务是电子商务品牌策略和推广、电子商务平台建设与系统化运营以及必要的电子商务物流支持等。

二、问题提出

作为一家电子商务代运营公司，杭州网营科技在公平竞争中进行资产重组、资源共享和业务合作，逐渐实现电子商务采购、销售和管理的协调工作，只有不断整合内部和社会资源，利用先进的管理理念和技术装备，加强与供应商、销售商等的紧密合作，形成互动、共赢的供应链协同关系，才能防范日益加剧的市场风险，实现满足顾客需求的快速响应，在激烈的竞争中生存和发展。

三、具体措施

为尽可能地利用供应链的现有资源，集中资源优势赢得市场机遇，杭州网营科技需要整合供应链上各个节点，建立统一的供应链管理目标和互惠互利的电子商务物流配送的协作模式，将供应链上的物流资源、物流设施设备、信息资源充分共享，建立协同化的供应链管理战略，如图10.1所示。协同化供应链是电子商务企业供应链管理战略的最佳选择，其有效运用可以达到降低电子商务企业成本、优化库存结构、减少资金占压、缩短生产周期的效果。

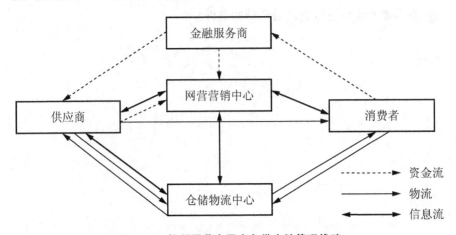

图 10.1 杭州网营电子商务供应链管理战略

以供应链战略为纽带进行的企业联盟的协同化供应链形式，是实现QR的一种重要手段，也是电子商务企业未来组织形态发展的趋势。要实现企业电子商务系统与内部集成化信息系统在伙伴企业之间的纵向信息集成，需要开放式的集成化信息系统和供应链管理模式，以提高企业的电子商务信息自动化水平和供应链各节点企业的协同运作能力。

为更好地推进 QR 供应链管理，杭州网营科技建设了集物流业务节点信息发布、查询，全透明的单证传输和货物跟踪，统一的传输数据标准于一体的 QR 供应链管理平台，为公司发展电子商务提供全面化电子信息交流，降低流通成本的同时提高反应时效。

四、结束语

QR 供应链管理已经成为电子商务实现竞争优势的有力工具。通过这一方法，电子商务供应链上各企业为客户提供了更好的服务，同时也减少了整个供应链上的非增值成本。QR 作为一种供应链管理方法，必将向其更高的阶段发展，必将为供应链上各贸易伙伴带来更大的价值。

思 考 题

（1）杭州网营科技在供应链管理方面有哪些举措？
（2）要实现 QR 供应链管理需要哪些条件？

第四部分
行业专题篇

第十一章 制造业物流供应链专题

　　制造业物流主要是围绕生产制造企业实体物质资料发生的物流活动。生产企业物流是以购进生产所需要的原材料、设备为始点，经过劳动加工，形成新的产品，然后供应给社会需要部门为止的全过程的物流形式。该过程要经过原材料及设备采购供应阶段、生产阶段、销售阶段，这三个阶段便产生了采购供应物流、生产物流和销售物流三种主要物流形态，另外生产企业业务活动中因为物品的回收、废弃处理可能还伴随着回收物流及废弃物物流。对制造企业来说，供应链管理是一个广义的概念，从原材料采购、生产制造再到销售渠道，包括物流在内的所有活动及流程都属于供应链管理的范畴。

案例20 "以快制胜"的海尔

> **基本知识点**
>
> （1）客户关系管理（Customer Relationship Management，CRM）：以客户为中心的理念来支持有效的营销、销售和服务过程，使客户的长期价值达到最优化。
>
> （2）准时生产方式（Just In Time，JIT）：它的基本思想是在恰当的时间、恰当的地点、以恰当数量的物料，生产出恰当质量的产品。

一、案例背景

业务范围多样化、消费者要求的提升等问题直接导致国内电商成本不断上升。在利润空间越来越小的物流服务中，单纯的打价格战已经不能再吸引消费者了，保持良好的服务质量才能赢得顾客。在这种环境下海尔集团依靠其长期积累下来的资源优势，通过不断地优化和整合，为客户提供优质的物流和服务。

海尔集团创立于1984年，创业30年来，已经从一家濒临倒闭的集体小厂发展成为全球拥有7万多名员工的全球化集团公司。海尔已连续三年蝉联全球白色家电第一品牌，并被美国《新闻周刊》网站评为全球十大创新公司。

二、问题提出

作为国内家电企业的"龙头老大"，在产品质量得到充分保证情况下，海尔必须在每个物流环节都能做到高效地运转。海尔明白，配送是家电企业物流中十分重要的环节，因此如何做好快速配送便成了海尔在家电市场的努力方向。

三、具体措施

配送作为物流供应链上的重要环节，很大程度上影响着供需两方的合作利益关系。作为衔接供需两方最直接的途径，物流配送的滞后将严重阻碍物流的发展脚步，特别是对电商企业来说，电子商务的成功与否直接取决于其所依赖的物流配送服务。在客户下完订单后，等待时间的长短是对电商配送服务的第一评判标准，同时也是直接影响企业客户服务关系的要素。作为电子商务依赖的第三方物流平台，申通、中通、圆通和韵达等一些快递企业，在如此激烈的竞争环境下，配送的快速和准确性也成为它们夺得市场的有力武器。

传统的企业都是根据计划来采购，这样由于对市场的不理解也就不能很好地把握库存。而海尔则是通过实施三个 JIT 实现了零距离、零库存和零运营资本，从而达到快速响应配送。JIT 采购就是按照计算机系统的采购计划，需要多少，采购多少。JIT 送料指各种零部件暂时存放在海尔立体库，然后由计算机进行配套，把配套好的零部件直接送到生产线。海尔在全国建有物流中心系统，无论在全国什么地方，海尔都可以快速送货，实现 JIT 配送。

作为国内制造业巨头的海尔集团，依靠其强大的资源开始经营自营物流——海尔物流，同时也打造属于自己的电子商务平台——海尔商城。依靠这两大优势，海尔在不断优化整合产品从出库到运送至客户手中这个过程。整个过程中，海尔充分利用了与电子商务结合的强大的内部技术系统。

2012 年被称为是电子商务回归"商务"本质的一年，完善的物流和高水平的服务体系才是电商核心竞争力的体现。海尔商城正是通过快速及时的物流配送和细致入微的服务，拉近了企业与消费者之间的距离。海尔的网上专卖店海尔商城建立在海尔物流的基础上，自建 B2C 电子商务平台，从而把自己的优势发挥得淋漓尽致。海尔商城依托海尔强大的"物流网""服务网""营销网"，充分把线上网络商城和线下专卖店两者相融合。例如，在消费者下单购买后，海尔商城便联系距离最近的服务网点，承诺 24 小时之内为消费者送货上门并安装调试，从而解决了大家电送货难、产品保障等种种问题，24 小时内送达的承诺也受到了网友的一致好评。海尔自己做物流，也增加了对客户的责任感，同时避开了传统电商与第三方物流合作时商品运送不及时、商品缺损率高等弊端，提升了品牌形象。

海尔的核心构造可以简化为"前台一张网，后台一条链"，前台的海尔客户关系管理网（CRM）和后台的海尔市场链都能快速响应市场和客户的需求。前台的 CRM

网站作为与客户快速沟通的桥梁,将客户的需求快速收集、反馈,实现与客户的零距离。后台的 ERP 系统可以将客户的需求快速触发到供应链系统、物流配送系统、客户服务系统等流程系统,实现对客户需求的协同服务,大大缩短了对客户需求的响应时间。

四、结束语

海尔充分利用自有资源优势来做好快速配送,这样既节约了成本,也提高了自己的市场竞争力。快速配送不仅仅强调快速,同时也很注重在配送过程中对商品质量的保护以及面对客户时良好的服务态度,从而实现了在内部提高工作效率,在外部提高客户满意度的目标。

思 考 题

(1) 快速配送的同时也是需要付出高成本的代价,如何在配送质量和成本之间做到最好的权衡?

(2) 海尔在库存管理上该采取哪些措施以提升自己的竞争力?

案例21 大众并不"大众"——供应链管理之道

> **基本知识点**
>
> （1）供应链（Supply Chain）：生产及流通过程中，为了将产品或服务交付给最终用户，由上游与下游企业共同建立的网链状组织。
> （2）供应链管理（Supply Chain Management）：对供应链涉及的全部活动进行计划、组织、协调与控制。
> （3）仓储（Warehousing）：利用仓库及相关设施设备进行物品的进库、存储、出库的作业。

一、案例背景

说起中国的汽车制造业，不得不提及大众，作为最早进入中国的跨国企业，德国大众曾一度称霸中国汽车市场。随着中国汽车市场越来越繁荣，市场竞争也愈发激烈，在难以捉摸的市场竞争环境中，有的企业长盛不衰，有的昙花一现。随着经济发展，现在的竞争主体已从企业与企业之间的竞争转向供应链与供应链之间的竞争。

大众汽车是第一批在中国开展业务的国际汽车制造厂商之一。从1984年起，大众汽车开始进入中国市场，目前在全国范围内已拥有14家企业，除了生产轿车外，还向消费者和行业提供零部件和服务。目前，大众汽车集团在中国拥有两家轿车合资企业，1984年，上海大众汽车有限公司（以下简称上海大众）开始它辉煌的历史篇章，1990年它又在长春签署了一汽大众成立合资企业的协议。上海大众年汽车生产能力60万辆，是国内规模最大的现代化轿车生产基地之一。一汽大众汽车有限公司（以下简称一汽大众）是由中国第一汽车集团公司和德国大众汽车股份公司、奥迪汽车股份公司及大众汽车（中国）投资有限公司合资经营的大型轿车生产企业，

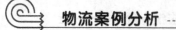

是我国第一个按经济规模起步建设的现代化轿车工业基地。经过不断发展，一汽大众现已拥有日产2000辆整车的生产能力，同时能够实现部分整车、总成及零部件的出口。

二、问题提出

汽车制造公司与纺织、化工、冶金等行业一样，非常关注以强劲的竞争实力经营最大化效率的供应链，从而获得最佳的投资回报率。供应链管理专家马丁说："先进的企业把创造更多价值的价值链看作一个有机整体，通过提升价值链的价值和降低企业成本，使所在供应链更具有竞争力。"大众汽车作为行业先锋，对供应链管理非常重视，致力于在供应链关系中与合作伙伴形成利益一致、信息共享的关系。

三、具体措施

大众的供应链管理之道，可以从以下两个供应链管理活动来体现。

1. 入场零部件物流外包

基于自身发展、降低成本、提高生产效率以及增加供应链柔性等需要，上海大众汽车在2002年初正式成立了物流外包项目组，负责将零部件入场物流操作整合至一家专业的物流服务商。经过细致的调研与分析确定了物流外包的主体范围，即包括零部件入场运输、仓储及送料上线在内的所有操作性物流将全部一体化外包。

1) 仓储物流方面

在进行外包前，大部分入场零部件通过外借的10余家仓库进行周转，仓库规模及管理水平参差不齐，配送效率低。物流外包后，上海大众的物流规划部门同第三方物流服务商（TPL）对仓储物流重新规划并制定新的物流模式。原有的零散仓库被整合为以4家大型配送中心为核心的仓储网络；建立零部件快进快出区域，进一步提高零部件周转速度并降低库存水平；通过对仓库至厂区配送频率的优化，保证了零部件及时上线；采用时间窗口控制零部件在仓库的收货，以及标准化的空料箱管理流程，使人力设备资源得以充分利用，如图11.1所示。

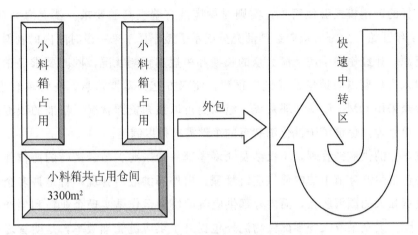

图 11.1 外包前后仓间使用对比

2）运输方面

TPL 为了改进以前出现的车辆利用率低、运费高以及运输质量不高的问题，结合汽车行业的特点，引入了牛奶式集货（Milkrun）运输模式，采用循环取货的方式，通过最优的路径设计，实现集货的多频次、小批量和定时性。Milkrun 的实施有利于提高车辆装载率，使得整个供应链效率得以提高，同时有效地降低了运输成本和仓储成本。

3）上线物流方面

上线物流是汽车零部件入场供应链的最后一个环节，上线物流操作的及时性和准确性，对生产的影响至关重要。上线物流外包后，TPL 对上线操作过程进行了优化并采用标准化管理，不仅实现了物料、单据的电子化管理，而且解决了场地、人力及设备资源的合理使用问题，使整个业务操作流程更加顺畅，大大提高了上线操作的及时性和准确性。

2. 个性化订单

2006 年 9 月，一汽大众宣布其个性化订单产销模式正式启动。个性化订制系统包括两个部分：一是零部件供应网络，包括各级零部件供应商和物流供应商；二是物流销售网络，由各级经销商、区域销售中心和物流服务商等构成。需要个性化订制的客户从经销商处下订单，订单层层传达到整车厂，再转换成所需要的零部件信息，之后交由各级供应商进行处理。从客户下订单到供应商接收零部件需求，这个信息流与看得见的物流过程是逆向的。汽车零部件从各级供应商处获取，之后由整车厂加工成成品，再运送到经销商处，最后由客户来领取。

这样的产销模式看似简单，实则对供应链有着极高的要求。就上海大众来说，从2009年开始，上海大众向经销商充分展示了整车厂未来一段时间内的物料和生产计划资源，让经销商了解上海大众的长期和中短期预测状况，同时要求经销商根据经验对未来短期内的销售情况做出预测，使双方充分掌握信息。在订单管理方面，上海大众采用OMD订单管理系统，经销商可以预知资源状况。精准的预测加上先进的订单管理，保证了个性化消费者的个性需求得以满足。

汽车业的供应链管理，不仅涉及众多零部件的采购、与经销商的协作和整车配送，还包括生产环节中的内部供应链管理。内外部供应链管理不善是许多企业无法继续发展壮大的原因所在，而内外部供应链的协调运作是实现企业顺利生产运营的重要保障。大众采取入场零部件物流外包提升了供应链管理效率，是明智之举。对于个性化订单的运作，尽管就目前的市场行情来看并不十分可观，但它仍是对供应链管理的杰出创举。

四、结束语

大众采取入场零部件物流外包提升了供应链管理效率，是明智之举。对于个性化订单的运作，尽管就目前的市场行情来看并不十分可观，但它仍是对供应链管理的杰出创举。这是一个竞争的时代，更是供应链管理比拼的时代，精诚合作、开拓进取是大众汽车在供应链管理之道中所流露的品质。

思 考 题

（1）入场零部件物流外包为上海大众的供应链管理带来哪些好处？
（2）从供应链管理的角度分析个性化订单的产销模式应如何进行优化？

案例 22　美的：走在自我超越的道路上

 基本知识点

（1）电子数据交换（EDI）：通过电子方式，采用标准化的格式，利用计算机网络进行结构化数据的传输和交换。

（2）供应商管理库存（VMI）：通过信息共享，由供应链上的上游企业根据下游企业的销售信息和库存量，主动对下游企业的库存进行管理和控制的管理模式。

一、案例背景

随着自身业务在全球范围内的不断扩大，美的已经形成了一个覆盖全球，从生产制造、供应商、物流、渠道到客户的庞大企业供应链群。2010年，美的制订"十二五"发展规划，定下了五年内进入世界500强，成为全球白色家电前三位的具备全球竞争力的国际化企业集团的发展目标。

美的创业于1968年，旗下拥有四家上市公司、四大产业集团，是一家以家电业为主，涉足房产、物流等领域的大型综合性现代化企业集团，是中国最具规模的白色家电生产基地和出口基地之一。美的在全球设有60多个海外分支机构，产品销往200多个国家和地区，年均增长速度超过30%。

二、问题提出

目前市场竞争已经由企业与企业之间的竞争变为供应链与供应链之间的竞争，要实现既定目标，成为一个屹立全球市场的企业，就要进一步联合上下游的业务伙伴，构建紧密合作关系，加强供应链一体化管理。

三、具体措施

1. 先进的信息系统平台

美的利用 EDI(电子数据交换)(图 11.2)方案来实现美的与供应链合作伙伴之间的实时、安全、高效和准确的业务单据交互,从而提高供应链的运作效率,降低运营成本。美的针对供应链的库存问题,利用信息化技术手段,一方面从原材料的库存管理做起,追求零库存标准。美的采用"供应商管理库存"(以下简称 VMI)和"经销商管理库存"等信息系统,在全国范围内实现了产销信息的共享。供应商可以通过对信息的实时把握做一些适当的库存调整,而美的也可以依靠供应商管理库存,降低供应链上产品库存,抑制牛鞭效应。另一方面针对销售商,以建立合理库存为目标,从供应链的两端实施挤压,美的资金占用降低、资金利用率提高、资金风险降低、库存成本直线下降,实现了供应链的整合成本优势,保证了企业的核心竞争力。

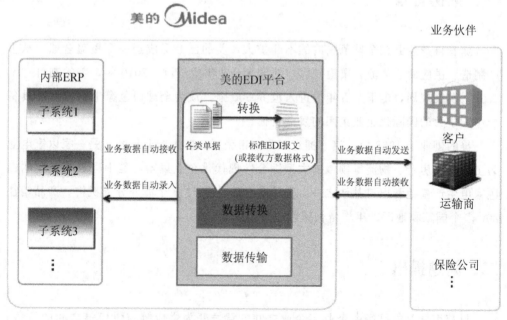

图 11.2 美的 EDI 平台

2. 有效的销售管理

美的对前端销售体系的管理进行渗透，在经销商管理环节上利用销售管理系统统计经销商的销售信息为经销商管理库存。通过 EDI 可以达到存货管理上的前移，美的可以有效地削减存货，而不是任其堵塞在渠道中，让其占用经销商的大量资金。

3. 供应链整合

美的以空调为核心对整条供应链资源进行整合，使更多的优秀供应商纳入美的空调的供应体系，提升了美的空调供应体系的整体素质。美的对供应资源布局进行了结构性调整，优化供应链布局满足制造模式"柔性"和"速度"的要求。通过厂商的共同努力，整体供应链在成本、品质、响应期等方面的专业化能力得到了不同程度的培养，供应链能力得到提升。

4. 与专业第三方物流企业合作

美的与安得物流进行合作，美的每年超过 80% 的物流业务由安得承担。安得物流在全国各大中城市拥有 100 多个网点，结成了高效的物流网络，具备全国性的综合物流服务能力，为美的提供快准运输、高效仓储、精益配送等物流服务，并提供方案策划、物流咨询、条码管理、库存分析、批次管理、包装加工等增值服务，对美的供应链的整合有着重要意义。

四、结束语

美的通过与上下游合作伙伴的紧密关系及有效的供应链管理，实现了资源整合利用，降低了企业物流运作成本，增强了企业的市场竞争力，这将为企业进一步实现"十二五"规划目标、进入世界五百强奠定坚实基础。

思 考 题

（1）美的是如何进行成本控制的，其核心方法是什么？

（2）当前的市场竞争已经由企业与企业之间的竞争变为供应链与供应链之间的竞争，美的是如何打造供应链竞争力的？

物流案例分析

案例 23　戴尔的直销供应链管理

基本知识点

（1）直销：指以面对面且非定点的方式，销售商品和服务，直销者绕过传统批发商或零售通路，直接从顾客处接收订单。

（2）供应链管理：利用计算机网络技术全面规划供应链中的商流、物流、信息流、资金流等，并进行计划、组织、协调与控制。

一、案例背景

戴尔公司创立之初是给客户提供电脑组装服务，但由于研发能力与开发技术的先天不足，无法与IBM、惠普等公司匹敌，为取得竞争优势，戴尔公司优化其制造流程，对成本进行了一系列的控制。直销模式使得公司可以直接面对最终消费者，减少了中间渠道。不仅如此，全面实施大规模定制的供应链管理更能帮助戴尔与供应商之间实现有效的信息沟通，缩短产品生产周期、降低库存成本，从而使企业获得高效率、低成本的核心优势。这些正好印证了戴尔的"黄金三原则"——坚持直销、摒弃库存、与客户结盟。

IT产品及服务提供商戴尔公司由迈克尔·戴尔于1984年创立，总部设在得克萨斯州奥斯汀。戴尔是全球最知名的品牌之一，是全球企业首选的IT整体解决方案及服务供应商，它在全球90个国家拥有逾43000名服务相关人员，60个技术支持中心和7个全球指挥中心。戴尔每天向180多个国家和地区的用户提供12万台以上的产品，相当于每秒出货1台以上。Dell.com创建于1996年，是全球最大的电子商务网站之一，目前可以支持的语言已经达到了34种。戴尔每年与客户进行近20亿次网络互动，全球超过350万的用户通过社会媒体以及在线服务商与戴尔进行联络。

二、问题提出

相比惠普、IBM 等引领技术趋势的电子巨头来说,戴尔每年在技术研发上的投入不足其总体营运费用的 2%,在前十名的计算机公司中算是最低的,但是其成长动力却是最强劲的,是什么让戴尔在电脑市场站稳脚跟的?

三、具体措施

戴尔直销供应链运作模式(图 11.3)的核心是根据顾客的订单装配产品,然后将产品直接寄送到顾客的手中。这种直销供应链模式去除了传统的代理商和零售商,提高了供应链的效率,降低了产品的成本。它主要有以下几个特点。

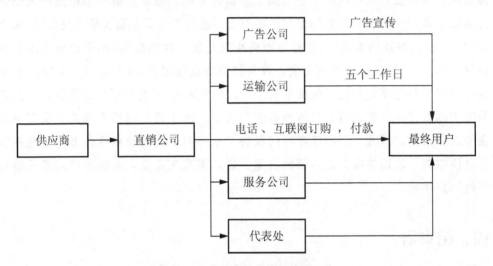

图 11.3 戴尔直销供应链模式运作

(1) 按订单生产:戴尔根据顾客在网络和电话下的订单来组装产品,这样顾客可以依照自己的喜好定制商品,从而提高了企业的生产准确性,降低了库存成本,提高了用户满意度。

(2) 直接面向消费者:戴尔直接与消费者联系节省了大量的中间零售商费用,降低了公司的运营成本,并且能够直观地了解到顾客的喜好,与顾客进行互动,使其能够在保留旧客户的基础上吸引新客户。

(3) 高效的供应链:由于戴尔进行了延迟化生产和直接营销,使其可以省去大量的供应链中间环节,令供应链的效率大大提高,成本显著降低。

(4) 产品技术标准化：虽然顾客可以根据自己的喜好定制组装各种各样的产品，但其实产品的核心部件都是按照标准规格生产的合格零部件，技术的标准化使得产品的质量得以控制。

一般情况下，戴尔的物料库存相当于 4 天的出货量，而竞争对手的库存量则相当于戴尔近 10 倍天数的出货量。在 PC 制造行业里，计算机的原材料成本每星期下降大约 1%，所以，戴尔的低库存不仅节省了其库存成本，而且可以在同时间段内降低其生产成本。这些反映到产品上就使得戴尔比其竞争对手更有价格优势。

要在保证不缺货的情况下维持低库存并非一件简单的事情，戴尔成功的关键秘诀在于它通过一定的流程来和供应商之间进行不断的数据调整，维持供应链的动态需求平衡。通过网络和其他先进的通信技术，戴尔可以每天和几万名客户进行直接对话，这样快捷迅速的沟通方式使得戴尔能够较为精准地确定其产品的实际需求，如果发现这些需求会导致某个零部件短缺，戴尔会通过系统及时通知供应商要求补货。所有交易数据都在因特网上不断往返，无论是长期规划数据（未来 4～12 个星期的预期批量），还是每隔两小时更新一次的数据（用于自动发出补充供货请求）。通过供应链信息交换，戴尔的供应商仅需要 90 分钟的时间来准备所需要的原材料并将它们运送到戴尔的工厂，戴尔再花 30 分钟时间卸载货物，并严格按照制造订单的要求将原材料放到组装线上。由于戴尔仅需要准备手头订单所需要的原材料，因此工厂的库存时间仅有 7 个小时。因为戴尔执行着非常流畅的信息供应链，故而使得企业内部的营运良好，资金流稳定，并使客户能够获得良好地用户体验。

四、结束语

在电子计算机这种需要高科技技术的行业，戴尔公司在技术并不突出的情况下，结合自身发展的特点，推出了独特的直销模式，奠定了其在供应链管理中的突出地位。

思 考 题

(1) 相对于传统的销售模式，戴尔直销模式的竞争优势有哪些？

（2）戴尔直销模式要求将产品直接送到客户手中，这对产品的配送提出了哪些挑战？

（3）在中国大陆市场，戴尔采取的销售方式是直销加门店销售相结合，试分析这种做法的原因。

案例 24　惠普供应链引发的思考

> **基本知识点**
>
> （1）供应链管理（Supply Chain Management，SCM）：指在满足一定的客户服务水平的条件下，为了使整个供应链系统成本达到最小而把供应商、制造商、仓库、配送中心和渠道商等有效地组织在一起来进行的产品制造、转运、分销及销售的管理方法。
>
> （2）延迟策略：把供应链上顾客化活动延迟到订单时为止，在时间和空间上推迟顾客化活动，使产品和服务与顾客的需求实现无缝连接，从而提高企业的柔性以及顾客价值的策略。
>
> （3）价值链：企业的价值创造是通过一系列活动构成的，这些活动可分为基本活动和辅助活动两类，基本活动包括内部后勤、生产作业、外部后勤、市场和销售、服务等，而辅助活动则包括采购、技术开发、人力资源管理和企业基础设施建设等。这些互不相同但又相互关联的生产经营活动，构成了一个创造价值的动态过程，即价值链。

一、案例背景

惠普作为一家业务运营和供应商遍布全球的公司，为了不断地做大做强，获取更多的市场份额，曾经一度跟可以与其相匹敌的戴尔公司展开了激烈的竞争。现如今，惠普已经超越戴尔，并连续五年保持全球第一大PC厂商的地位。

惠普研发有限合伙公司由两位年轻的发明家比尔·休利特和戴维·帕卡德在美国加州帕罗奥多市共同创立，是一家专注于打印机、数码影像、软件、计算机和咨询服务等业务的全球性的咨询科技公司。它经历了70多年的发展，惠普如今在全球拥有150000名员工，分支机构遍及170多个国家和地区，目前全世界有超过十亿人正在使用惠普技术。

二、问题提出

惠普的供应链模式在不断地演进,从最初的47种模式逐步发展成5种主要模式,这5种模式在满足不同客户需求的同时,也给惠普带来了巨大的竞争优势和成本效益。

三、具体措施

1. 五种供应链模式齐头并进(图11.4)

(1)"无接触"或"低接触"供应链模式。"无接触"指惠普向供应商提出设计目标,然后供应商根据设计要求自行完成采购、制造和生产;"低接触"指惠普以较低成本介入某些制造业务,从分销中心拿出未完全装配的产品,迅速完成客户的定制,然后快速交给客户。

(2)增值系统解决方案的供应链模式。根据惠普在2006年制定的"掌控个性生活"战略,其加大了进攻定制化产品市场的力度。由于惠普打印机供应链的生产、研发、销售地点分散,并且不同地区对电源、语言等有不同的要求,老式的备货生产模式,不仅使库存居高不下,而且不能快速满足客户需求,同时还占用了大量流动资金。在推行纵向整合模式后,惠普采用标准组件法设计打印机,并将产品个性化的程序从生产车间推广到地区分销中心进行。重新设计后的效果:为了达到98%的订货服务目标,原来需要7周的成品库存量现只需要5周;总制造、运输和存货成本降低了25%。

(3)纵向整合高速供应链模式。这一模式是惠普针对高端产品提出的,根据客户需求,从设计、制造到销售全部由惠普来完成。例如,惠普可以为证券交易所提供高端的、大型的计算机,一台计算机的价格可能达到数百万,甚至上千万,由于像戴尔等竞争对手不提供这样的服务,这种供应链模式使得惠普在高端计算机定制中占据了绝对优势。

(4)服务后勤供应链模式。面对分销网络分散、退货缓慢、现场备件缺乏可见度和按时交付等诸多方面的挑战,惠普在TNT的帮助下,在全球范围内共同实现了高效的备件管理和包括逆向物流在内的售后服务支持。

(5) 直销供应链运作模式。这种模式是惠普服务客户的"高速公路"。客户只需要一个电话，或者登录惠普的网站，就可以订购产品。惠普于1985年在中国成立中国惠普有限公司，这是惠普启动直销模式的开端，此模式是惠普提高成本效益的捷径。这种模式也允许公司将产品的实体管理和组装作业外包给其他公司，并且供应商可直接向合同生产商或合作伙伴提供零部件。

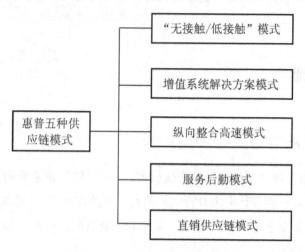

图 11.4　惠普公司五种供应链模式

2. 供应链上的信息化保证

基于对制造业的深刻理解，惠普提出了"价值协同网链"理念，这一理念包含了从给出具体订单、与供应商主动联系确立订单，到共享预测信息、提高库存可见度以及自动补仓整个流程。惠普通过电子化的供应链平台实现了与供应商的信息共享，使供应商和惠普形成协同、高效、可控的供应链管理。例如惠普有很多库存信息，充分利用信息能够使得惠普更好地运用自动化技术管理好库存，加强与供应商的合作，并协助供应商做出正确决策。信息化给惠普的五种供应链模式的顺利运作奠定了坚实的基础。

四、结束语

惠普基于不同的产品采取不同的供应链模式以适应多变的市场和时代发展的步伐，然而不同的模式下却有着相同的战略思想做指导，即"全局的考虑，良好的供应商关系，客户为中心，IT的正确运用"。

思 考 题

（1）任选取一种供应链模式，分析该供应链上惠普与供应商之间存在信息交互的环节。

（2）结合惠普的直销模式，思考直销模式的盈利点有哪些？

案例 25　联想 VMI 的完美蜕变

基本知识点

供应商管理库存（Vendor Managed Inventory，VMI）：指供应商等上游企业基于其下游客户的生产经营、库存信息，对下游客户的库存进行管理与控制。

一、案例背景

联想集团的供应商遍布于国内外，订单都是在我国香港的联想完成的，但生产信息系统只在我国内地的公司使用，因此联想集团生产厂统计的到货准时率不能真实反映供应商的供货水平，从而导致不能及时调整对供应商的考核，这就要求联想集团的 VMI 策略必须要有所改进。

联想集团于 1984 年在中国北京成立，到目前已经发展成为全球领先的 PC 企业之一。联想集团是一家创新型的高科技公司，其秉承自主创新与追求卓越的传统，持续不断地在用户关键应用领域进行技术研发投入，并建立了以中国北京、日本东京和美国罗利三大研发基地为支点的全球研发架构。

二、问题提出

联想以往的运作模式是国际上供应链管理通常使用的看板式管理模式，这种模式虽然可以最大限度地减少国内材料库存，但是需经过 11 个物流环节，涉及多达 18 个内外部单位，运作流程复杂，不可控因素多。另外，生产信息系统与交货环节的空间差异也增加了联想集团对供应商的管理难度。那么联想集团又是通过哪些措施来提升其供应链管理柔性的？

三、具体措施

1. 供应链重组

针对联想集团存在的问题，联想集团进行 VMI 项目重组供应链。按照联想 VMI 项目要求，联想在北京、上海、惠阳三地工厂附近设立供应商管理库存，联想根据生产要求定期向库存管理者即作为合作伙伴的第三方物流伯灵顿全球货运物流有限公司发送发货指令，由其完成对生产线的配送。从它收到通知至进行确认、分拣、海关申报及配送到生产线时效要求为 2.5 小时。该项目能帮助实现供应商、第三方物流、联想之间货物信息的共享与及时传递，保证生产所需物料的及时配送。

2. 联手海关，提高物流效率

联想集团的 VMI 项目涉及联想的国际采购物料，为满足即时生产的需要，供应商库存物料在进口通关上将面临很多新要求，例如时效、频次等。因此海关监管方式对于 VMI 模式能否真正提高物流效率至关重要。为此联想集团与北京海关合作，邀请北京海关参与并指导联想集团的供应商管理库存模式。联想集团对传统的监管作业模式进行改革，实行企业与海关的信息化联网监管方式，在保税仓库管理、货物进出口、货物入出保税仓库、异地加工贸易成品转关等方面采取相应的监管措施来降低物流成本。货物到港后，北京海关为联想集团提供预约通关、担保验放等便捷通关措施，保证货物通关快速畅通。

3. 信息系统的改进

在信息系统方面，联想集团与海关通关作业系统、保税仓库管理系统、第三方物流企业间的电子商务平台连接，实现数据交换和物流信息的共享（图 11.5），既方便作业又强化海关的监管。联想根据生产要求向第三方物流企业发出货物进口、出库、退运等各种指令后，由第三方物流公司向海关提出相应申请，海关接到审批查验后，由第三方物流企业完成货物出库及物流配送，及时出口报关、装运，实现供应商在境内加工成品的快速转关，避免所需货物被滞留。

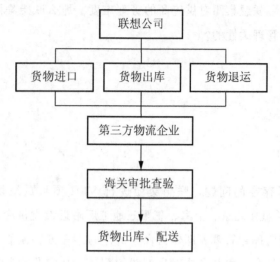

图 11.5 联想电子商务平台运作流程

四、结束语

联想集团的 VMI 项目为联想集团的发展提供了更大的动力。一是联想内部业务流程将得到精简；二是使库存更接近生产地，增强供应弹性，更好地响应市场需求变动；三是改善库存回转，进而保持库存量的最佳化，因库存量降低，减少了企业占压资金；四是通过可视化库存管理，能够在线上监察供应商的交货能力。

思 考 题

(1) VMI 实施能给联想带来哪些好处？
(2) 联想是怎样进行 VMI 重组供应链的，其主要措施是什么？

第十二章 零售业物流供应链专题

　　零售业物流与零售业相伴而生，现代零售业物流是零售商在其购、存、销业务活动中，商品从供应商经零售商向消费者移动的过程，包括商品输送、搬运、保管、包装、流通加工以及相关的信息流动等功能要素，承担着商品从生产者或批发者到消费者的转移功能，物流的存在消除了生产地或批发地与消费地的空间间隔，弥补了商品生产和消费的时间差，创造了商品的时间价值和空间价值。

案例 26 沃尔玛成功的三大"利器"

> **基本知识点**
>
> （1）管理信息系统（Management Information System，MIS）：是一个以人为主导，利用计算机硬件、软件、网络通信设备以及其他办公设备，进行信息的收集、传输、加工、储存、更新和维护，以企业战略竞优、提高效益和效率为目的，支持企业的高层决策、中层控制、基层运作的集成化的人机系统。
>
> （2）销售时点信息系统（Point of Sale，POS）：指通过自动读取设备（如收银机）在销售商品时直接读取商品销售信息（如商品名、单价、销售数量、销售时间、销售店铺、购买顾客等），并通过通信网络和计算机系统传送至有关部门进行分析加工以提高经营效率的系统。
>
> （3）射频识别技术（Radio Frequency Identification，RFID）：一种利用射频通信实现的非接触式自动识别技术。RFID 标签具有体积小、容量大、寿命长、可重复使用等特点，可支持快速读写、非可视识别、移动识别、多目标识别、定位及长期跟踪管理。

一、案例背景

在全球零售企业竞争愈发激烈的时代，各个零售企业想方设法地凸显本企业的独特性，以此来吸引消费者。而沃尔玛"天天平价"的策略深受消费者青睐，因此奠定了其"零售巨头"的地位。

沃尔玛百货有限公司（以下简称"沃尔玛"）是由山姆·沃尔顿先生于 1962 年在阿肯色州建立，总部设在美国阿肯色州的本顿维尔，主要涉及零售业。经过 50 年的发展，沃尔玛已经成为世界最大的连锁零售商，多次荣登《财富》杂志世界 500 强榜首及当选最具价值品牌。截至 2011 年，沃尔玛在全球 27 个国家开设了超过 10000 家商场，下设 69 个品牌，全球员工总数 220 多万人，每周光临沃尔玛的顾客达 2 亿人次。

二、问题提出

作为一家零售企业，沃尔玛能够在销售收入上打败荷兰皇家壳牌石油公司这样的能源巨头，超过一些引领"新经济"的 IT 公司，并且能够在竞争非常激烈的零售行业保持第一的位置，其成功的秘诀与三大"利器"是密不可分的。

三、具体措施

沃尔玛三大利器包括先进的物流信息技术、高效的配送系统和完善的供应链管理，如图 12.1 所示。

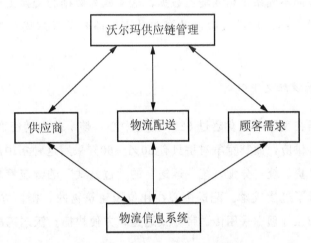

图 12.1　沃尔玛的物流供应链管理体系

1. 先进的物流信息技术

沃尔玛之所以能够在商品的售价、货物的品类等方面远胜于竞争对手，原因在于沃尔玛非常积极地对其信息系统进行了投资建设。在先进的物流信息系统的支持下，沃尔玛能够以最低的成本、最优质的服务、最快速的响应进行全球商品运作。

1) POS 系统

沃尔玛的 POS 系统包含前台 POS 系统和后台 MIS 系统两大部分。沃尔玛在完善门店前台 POS 系统的同时又建立了门店管理信息系统 MIS。通过 POS 和 MIS 这两个系统的运作，商品的经营决策者可以在商品销售的任何过程、任何时刻掌握其经营状况，实现门店库存商品的动态管理，使商品的库存量保持在一个合理的水平，减少不必要的库存。

2) EDI 技术

20 世纪 80 年代，沃尔玛公司开始使用电子数据交换系统(EDI)，与供应商建立了自动订货系统。该系统是通过计算机网络向供应商提供商业文件、发出采购指令、获取收据和装运清单等，同时该系统也可以使供应商及时准确地了解其产品的销售情况。

3) RFID 技术

沃尔玛自 2003 年开始大力发展 RFID 技术，目前已有超过 100 个供应商、制造商实现 RFID 的应用，RFID 因为具有可以在供应链各个环节跟随实体移动的特点，可以在不同环节向不同系统输入输出数据，这样就为数据的交换提供了一个统一的平台，实现了供应链运作最大限度的资源共享，提升了沃尔玛在整个供应链的竞争力。

2. 高效的物流配送中心

目前沃尔玛在美国本土有超过 62 个配送中心，整个公司销售商品的 85% 都是由这些配送中心供应，而其竞争对手只有 50%～60% 采用这种集中配送。沃尔玛采用这种"统一订货、统一分配、统一运送"的"过站式"的物流管理，既减少了中间环节，又降低了进货成本。配送中心往往位于建筑物的一楼，方便货物的装卸，而货物的流通加工处理则采用传送带方式运送，方便快捷。沃尔玛配送中心主要有以下三种职能。

(1) 转运。沃尔玛在其配送中心将商品集中起来并将其配送给各个门店，这些货物的进出大多在一天之内完成，有着非常高的效率。

(2) 提供增值服务。沃尔玛配送中心还提供一些增值服务，例如商品停留在配送中心时，在不损害商品质量的情况下对其进行加工，使产品增值。

(3) 调剂商品余额，自动补进。每种商品都需要一定的库存，例如牙膏、奶粉等日用品，沃尔玛每天或者每周都会根据其库存量的增减来进行自动补货。每个配送中心可以保持 8000 种产品的转运配送。

3. 完善的供应链管理

现代商业的竞争不仅仅是单个企业之间的较量，更是供应链之间的比拼，要在商场上比对手更胜一筹，完善的供应链管理是必不可少的。

首先，作为供应链中十分重要的一环，沃尔玛非常注重对客户需求的管理并为此不懈努力。

1）营造良好的购物环境

沃尔玛内的购物通道宽敞明亮，货物整齐有序，商店经常推出各式各样的促销活动，如季节商品酬宾、幸运抽奖、店内特色娱乐、特色商品展览和推介等，吸引广大的顾客。

2）无条件退款政策

沃尔玛有四条退货准则：①如果顾客没有收据——微笑，给顾客退货或退款；②如果你拿不准沃尔玛是否出售这样的商品——微笑，给顾客退货或退款；③如果商品售出超过一个月——微笑，给顾客退货或退款；④如果你怀疑商品曾被不恰当地使用过——微笑，给顾客退货或退款。

3）便捷的特殊服务

沃尔玛从顾客需求出发提供多项特殊的服务类型以方便顾客购物，如免费停车、免费咨询、送货服务、免费借雨伞等。

其次，对供应商的管理也是供应链中特别重要的一部分。供货商参与了企业价值链的形成过程，对企业的经营效益有着举足轻重的影响。为了与供应商形成良好的合作伙伴关系，沃尔玛与许多供应商实现了供应商管理库存，使得供应商能够及时了解产品的销售信息以便及时补货。不仅如此，沃尔玛经常会将客户的意见反馈给供应商并参与新产品的研发，这样就能帮助供应商在最短的时间内设计、生产出顾客最需要的产品，赢得顾客的青睐，获得双赢。

四、结束语

任何一家企业的成功都不是偶然，沃尔玛从成立至今，能从一个小型超市成长为一个遍及全球的零售巨头，这与其出色的信息技术、完善的管理理念密不可分。在激烈的市场竞争中，只有手握"利器"，才能"克敌制胜"。

思 考 题

（1）使用 EDI 技术给沃尔玛带来了哪些好处？

（2）除了本案例中提到的三大"利器"，你认为沃尔玛成功的因素还有哪些？

案例 27　两毛钱引发的"分手"：
康师傅与家乐福谈崩

> **基本知识点**
>
> 供应链合作伙伴关系（Supply Chain Partnership，SCP）：一般是指在供应链内部两个或两个以上独立的成员之间形成的一种协调关系，以保证实现某个特定的目标或效益。

一、案例背景

21 世纪，随着科技进步和全球一体化的迅猛发展，企业所处的竞争环境发生了根本性的改变。市场竞争已由原来的有形产品和服务的竞争转向无形的文化、技术和品牌的竞争，由同行业单个企业间的竞争演变为由一系列上下游合作伙伴企业构成的供应链之间的竞争。企业间的关系不再仅仅追求转嫁成本和费用而获利，而趋于进一步合作，建立合作伙伴关系。

康师傅控股有限公司总部设于中国天津市，主要在中国从事生产和销售方便面、饮品、糕饼以及相关配套产业的经营。康师傅集团于 1992 年开始生产方便面，并从 1996 年扩大业务至糕饼及饮品。公司产品绝大部分均标注"康师傅"商标，"康师傅"早已成为中国家喻户晓的知名品牌，其品牌价值约为 4.12 亿美元。据 ACNielsen 2010 年零售市场研究报告的调查结果显示，康师傅方便面销售额的市场占有率已达到 55.8%。目前康师傅正在天津开发区建设一座世界上最大的方便面工厂，该工厂每条生产线的生产速度为每分钟 500 包，平均每秒钟生产 8 包方便面。今后康师傅将继续专注于食品制造与流通事业，并继续强化物流与销售系统，以期建立"全球最大中式方便食品及饮品集团"。

二、问题提出

2010年10月底,康师傅在联交所发布公告,从11月1日起,将部分方便面产品提价10%,旗下营销占比达三成的"经典袋面系列"零售价由每包2元升至2.2元。康师傅解释,提价主要是原材料涨幅已达到临界成本。河北一家家乐福最先反对上调价格,之后家乐福在中国所有卖场均拒绝上调康师傅方便面价格。因双方协商未果,康师傅决定停止向家乐福供货,如图12.2所示。当然,长久的对抗绝不是解决之道,经过一段时间的协商,双方走向了谈判桌。但遗憾的是,由于双方都不肯做出让步,谈判宣告失败。

图12.2 家乐福货架上康师傅方便面暂缺

三、具体措施

康师傅退出家乐福,毫无疑问将导致两败俱伤。对于康师傅来说,除了损失部分收益外,还丧失了家乐福这一销售渠道。而就家乐福而言,不仅减少了部分收益,还在一定程度上损失了客户,不利于企业长远发展和形象信誉的树立。众所周知,建立良好的供应链合作伙伴关系有利于成本的降低、反应时间的缩短以及新市场价值的创造等。供应链系统运行业绩的好坏主要取决于合作伙伴关系是否和谐,只有和谐而稳定的关系才能发挥最佳效能。因此企业供应链系统运行的核心问题是如何维护合作伙伴关系。

（1）要发挥主导企业作用。相对于合作伙伴中的其他企业而言，主导企业的行为更具有影响力，合作伙伴关系不协调，对它们产生的破坏作用也是最严重的。因此，家乐福等主导企业应率先承担起维护合作伙伴关系的责任，并且应该更加关注供应链的整体运作情况，促进供应链的整合、优化，而不是仅仅关注自身的盈利状况。

（2）解决企业文化差异问题。在供应链环境下，各合作伙伴企业可能来自不同的国家、地区和行业，有不同的企业文化背景。因此，为了维护合作伙伴关系，提高供应链的绩效，康师傅和家乐福必须努力减少文化差异的影响。

（3）解决信息共享问题。信息共享是维护供应链合作伙伴关系的基础，然而，利益的冲突会使信息共享遇到严重障碍并导致虚假信息。信息共享程度不够也是此次"分手"的另一诱因。

（4）采取激励措施。供应链合作伙伴要建立贯穿整个供应链的绩效考评体系和激励机制，使激励措施和目标保持一致，来维护合作伙伴关系，实现供应链的协调，使供应链每个合作伙伴的行为都以供应链总利润最大化为目标。康师傅和家乐福可以以此为参考。

（5）树立供应链管理信心。竞争日益激烈，供给和需求的不确定性越来越大，使供应链所面临的风险也越来越大，管理供应链、维护合作伙伴关系越来越具有挑战性，风险随时都会出现，康师傅和家乐福应坚信彼此的合作是有效的，而不是相互猜忌、打压。

（6）树立全局观念。供应链合作伙伴之间不能彼此追求利益的最大化，而要树立全局观念，局部利益服从整体利益，康师傅和家乐福可以通过一种协商机制，来谋求一种多赢互惠的目标。

四、结束语

供应商与零售商建立的是一种密集的，相互依存的合作伙伴关系，从中双方可以实现共赢，强调的是直接的长期协作关系。而康师傅和家乐福之争最终以谈判失败而宣告"分手"，这无论是对谈判双方还是对消费者来说都是一个不够明智的决定。理性地建立合作伙伴关系有助于双方解决问题，这样方能更好的快速响应消费者的需求，同时也能有助于企业提升效益，提高竞争力。

思 考 题

（1）家乐福与康师傅"分手"的原因有哪些？

（2）家乐福与康师傅还有可能建立供应链合作伙伴关系吗，双方该怎么做？

案例28 "麦德龙"独树一帜的供应链管理

> **基本知识点**
>
> （1）仓储式超市：一种带有批发性质的批售式商店，在我国又称为仓储式商场或货仓式商场。
>
> （2）麦德龙"会员制"：只有申请加入并拥有"会员证"的顾客才能进场消费，在广州和上海，其余消费者可在柜台领取"当日会员卡"进行消费。
>
> （3）管理信息系统：一个以人为主导，利用计算机硬件、软件、网络通信设备以及其他办公设备，进行信息的收集、传输、加工、储存、更新和维护，以企业战略竞优、提高效益和效率为目的，支持企业的高层决策、中层控制、基层运作的集成化的人机系统。

一、案例背景

长期以来，零售业以百货商店和日用杂货店为主，由于盲目扩张，定位不明确，缺乏特色，传统的零售业已经无法满足顾客的服务需求。20世纪90年代，麦德龙超市凭借其独特的内部管理体系，在中国开始了其大规模的扩张活动。

麦德龙(Metro)是德国第一、世界第三的零售批发超市集团。1995年麦德龙来到中国，并于1996年在上海普陀区开设了第一家仓储会员制商场，麦德龙的进入给中国带来了全新的概念，填补了中国在仓储业态上的空白。目前，麦德龙正在准备大手笔布局电商，大宗商品采购专线已经开通。

二、问题提出

麦德龙独树一帜的内部管理体系通过提供全方位服务，把自己与竞争对手的经营地区明显分别,不但成功避免了与沃尔玛、家乐福、上海华联集团等零售巨头的正面竞争,还完善了自己的内部管理体系,成功实现了信息化。

三、具体措施

在麦德龙进入中国市场 17 年的时间里,它之所以能够与家乐福、沃尔玛等零售大鳄一较高低,很大程度上得益于其独特的内部管理体系和高度信息化的管理。

1. 客户管理

麦德龙的客户分为团体消费者和个体消费者,如图 12.3、图 12.4 所示。麦德龙根据《客户登记卡》创建顾客初始资料,并利用会员信息管理系统自动记录顾客购买情况,准确分析出客户需求的动态发展趋势,迅速对顾客需求变化做出反应,及时调整商品结构和经营策略,最大限度地满足顾客需求。

麦德龙还根据团体消费者规模和购买量将目标客户分"ABC"三类,专门成立的"客户顾问组"对客户的消费结构进行分析,向客户(特别是中小企业)提供特色咨询服务。同时,与主要的客户进行沟通并向他们提出采购建议,帮助客户降低采购成本。

图 12.3 麦德龙团体客户会员证

图 12.4 麦德龙个体客户会员证

2. 商品管理

麦德龙实行中央采购制的商品采购管理模式,各地连锁店无独立的采购决策权。总部统一采购后根据各连锁店的销售情况分别确定配送计划,进行统一配送。麦德龙还通过商品信息系统掌握商品进、销、存的全部资料,每一个环节都通过计算机完成。信息系统根据历史资料,自动地预测销售,制订采购计划,产生订单,将存货控制在最合理的范围。

3. 供货商管理

由于麦德龙对供货商的供货能力和提供产品的质量要求很高,故其在与供应商建立购销关系时一般不采用常规签订书面购销合同的方式,而是专门为供应商制作一份《麦德龙供货商手册》。双方确认后,麦德龙和供货商之间形成长期合作关系,不再就单笔交易签订采购合同。

4. 销售计划管理

麦德龙与一般的零售企业不同,其销售计划是按促销活动制订活动节目。这种计划的制订要有相当的超前性,以便有充裕的时间进行统筹安排。计划成功的关键是销售计划与采购计划的一致和购销计划与供货商商品促销计划的有机结合。为了实现采销合一,麦德龙的销售计划是由采购部门专门负责实施的。

5. 财务管理

麦德龙利用由全球最大的企业管理软件供应商德国SAP公司提供的R/3系统对财务采取集中统一管理。在国内,各地连锁店每天发生的每一笔销售数据,均通过网络传送至上海总部,由上海总部统一进行会计核算。采购货款的支付也由上海总部统一控制,而各地连锁店的财务人员只负责每天的收银汇总及在上海总部核定的备用金使用范围内,报销日常的费用开支。

四、结束语

麦德龙明确的客户定位和独特的集中统一管理策略,不仅拥有了大批的稳定客户,还及时掌握了市场需求动态,从而提高了商品管理的主动性和灵活性。同时,其独特的中央采购制度加强了总部对采购的控制,降低了进货成本。此外,麦德龙专门为其供应商制作了一份《麦德龙供货商手册》,通过这种规范化采购的运作,麦德龙把供应商纳入自己的管理体系,将供应商的运输系统组合成为自己的商品配送系统,从而大大降低了企业的投资,实现了低成本运营。麦德龙的销售计划管理具有相当的超前性,以便有充裕的时间进行统筹安排。在财务管理方面,其财务集中统一管理模式使得企业财务管理高度透明化,财务成本维持在一个比较低的水平上。

思 考 题

（1）就麦德龙发展来看，其目标客户管理是否适应中国市场发展？为什么？
（2）麦德龙的成功得益于其独特的内部管理体系的哪些方面？

案例 29　走在崛起路上的家家悦

基本知识点

（1）供应链（*Supply chain*）：指生产及流通过程中，为了将产品或服务交付给最终用户，由上游与下游企业共同建立的网链状组织。

（2）配送（*Distribution*）：指在经济合理区域范围内，根据客户要求，对物品进行拣选、加工、包装、分割、组配等作业，并按时送达指定地点的物流活动。

一、案例背景

2011年6月10日出台的物流政策"国八条"要求促进农产品物流业发展，大力发展"农超对接"。"农超对接"的本质是将现代流通方式引向广阔的农村，将千家万户的小生产与千变万化的大市场对接起来，构建市场经济条件下的产销一体化链条，实现商家、农民、消费者共赢。当前连锁超市在农产品流通特别是生鲜农产品方面将发挥着越来越大的作用，连锁超市已成为农产品连锁经营的典型业态。

家家悦是以连锁超市百货经营为主业，集物流配送、工业品生产、农产品批发和房地产于一体的大型连锁企业集团。家家悦超市通过生鲜食品的供应链建设（鲜活农产品生产与采购基地建设、加工配送设施建设、主食与鲜食的中心厨房建设）和自有品牌建设，已经成为中国连锁超市行业中具有核心经营能力与核心竞争能力的领先者。公司连续八年稳居中国连锁业五十强，获得"中国零售业区域明星企业"，"中国零售业最佳雇主"等荣誉称号。

二、问题提出

对外开放的不断深化使得国内零售业面临极大挑战,家家悦也倍感竞争的激烈,如何在竞争中不断保持特色并不断成长是家家悦同众多零售企业共同关注的问题。

三、具体措施

家家悦在如何选择直采基地,如何确定基地采购的半径,基地如何向公司保质保量发货,如何开发自有品牌等方面做出了积极探索。

1. 经营模式的创新

家家悦在经营模式上进一步优化供应链,降低采购成本,形成规模优势和区位优势。2003年,公司联合四家超市成立了中国第一家跨省区的超市自愿连锁组织——上海家联采购联盟,在采购业务上进行共同的资源整合与开发,全面提高企业的竞争能力。2004年,公司又申请加入了国际SPAR自愿连锁体系,提高企业的国际化程度,加速与国际零售商业接轨的步伐。在生鲜经营方面,企业从生鲜食品的采购、加工到销售,全部实行自主经营,并建立了无公害蔬菜生产基地,与农户签订种植协议,积极发展订单农业,利用物流优势,打开了农副产品的销售渠道。

2. 借助供应宝电子商务平台,打造快速响应体系

家家悦在信息建设方面,通过将采购部门、配送中心、门店与总部的计算机联网,形成了总部、物流配送中心、超市自上而下的网络管理格局和一整套管理流程,实现了企业从采购到销售整个过程信息流与物流、商流、资金流的有机结合。家家悦制定的供应链系统以供应宝电子商务平台为基础,依据自身丰富的零售行业经验,结合供应宝电子商务平台的先进技术与成熟模式,构架了一套高效、安全、灵活、规范的供应链协同及快速响应体系。通过供应宝平台,家家悦与广大供应商能够在线进行业务交互、数据共享、实时沟通,实现从商品引进到供应商结算的全电子化流程,如图12.5所示。

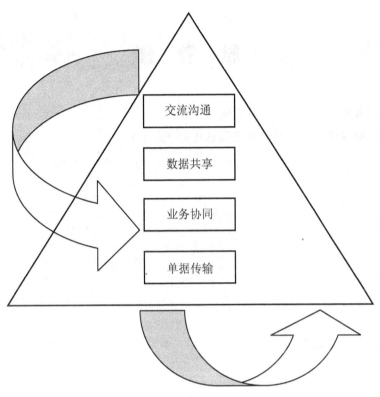

图12.5 电子化流程

通过供应宝平台家家悦做到：①订单处理实时快捷，家家悦的订单能够在审核后快速发送至供应商；②协同互动，厂商实时根据产能和库存调整家家悦的订单，并实时将订单支持情况反馈给家家悦，最终实现产销平衡，供零双赢；③实时在线对账和查询，信息透明，一目了然，减少了差错率；④供应商的商品资料共享、新品引进及品类调整时供应宝系统主动检索，寻找开放共享新品资料的供应商；⑤销售库存、数据共享，家家悦把销售及库存数据实时共享给供应商，使供应商能及时了解和分析商品的库存情况，而供应商通过分析商品的销售趋势及时调整生产计划及促销计划提升商品的销售能力；⑥即时沟通，控制风险。

四、结束语

家家悦超市通过生鲜食品的供应链建设和自有品牌建设，已经成为中国连锁超市行业中具有核心经营能力与核心竞争能力的领先者。走在崛起之路上的家家悦，其创新和崇尚务实的精神是前进的保证。

思 考 题

（1）家家悦是如何整合供应链的？
（2）连锁零售企业该如何提高信息化管理水平？

第十三章 快递业物流专题

　　快递业是指承运方通过铁路、公路、航空等交通方式，运用专用工具、设备和应用软件系统，对国内、国际的快件揽收、分拣、封发、转运、投送、信息录入、查询、市场开发、疑难快件进行处理，以较快的速度将特定的物品运达指定地点或目标客户手中的物流活动，是物流的重要组成部分。快递能够在极短的时间内将物品运达目标地点，但是运量相对较小，运费相对较高。开展快递即速递业务的企业既有国际快递巨头，也有中国邮政旗下的中国邮政速递物流有限公司，还有其他的诸如顺丰、申通、圆通、中通、汇通及韵达等民营快递公司。中国邮政速递物流主要经营国内速递、国际速递、合同物流等业务，国内、国际速递服务涵盖卓越、标准和经济不同时限水平和代收货款等增值服务，合同物流涵盖仓储、运输等供应链全过程。

物流案例分析

案例 30　江西邮政速递物流把握农村市场

基本知识点

农村物流：一个相对于城市物流的概念，它是指为农村居民的生产、生活以及其他经济活动提供运输、搬运、装卸、包装、加工、仓储及其相关的一切活动的总称。

一、案例背景

现代物流企业的迅速发展，促使第三方快递物流市场快速成长，快递物流公司应运而生，江西邮政速递物流公司便是其中一员。江西邮政的邮政速递业务开办于1986年，业务发展非常迅速，在短短20多年间，已经形成了国内异地、同城、国际三大主营业务，以及 EMS 标准业务等产品体系。然而，随着快递物流市场竞争的加剧，在国际物流巨头和国内中小物流企业内外夹击的严峻形势下江西邮政速递物流公司在城市物流配送项目上可开发的利润空间已非常少，要实现江西邮政速递"保增长，求发展"的战略目标，借助邮政"最后一公里"的独到优势，考虑农村物流市场的开拓是必然方向。新农村建设中农村交通网络的不断完善为江西邮政速递物流公司发展农村物流提供了重要的条件，为邮政构建农产品物流渠道、消费品和农用物资速递配送体系提供了极大的便利。

江西省邮政速递物流公司是中国邮政速递物流公司的重要组成部分，直属于江西省邮政公司，2008年12月在原江西省邮政速递局、江西省邮政物流局的基础上整合组建，2009年1月1日正式按公司化运营，下设11个市公司、84个县（市、区）公司。

二、问题提出

虽然江西邮政速递物流公司设立了农资配送中心及其"三农"服务网点,但仍未充分依托覆盖全省农村的连锁网点,发挥点面广的网络渠道优势,导致农村邮政速递物流的业务范围仍然比较窄。目前还只限于农资和日用品配送的单向物流模式,依旧主要实行"生产企业—邮政速递—农户"的传统运输模式,名优土特产品进城的业务还未展开。另外,江西省邮政速递物流公司现有的物流信息化水平不能很好地为邮政速递物流发展提供必要的信息共享、流动和相关处理服务,与发展现代化物流信息网络的要求相距甚远,这些都成为制约邮政速递物流业务发展的瓶颈。

三、具体措施

江西邮政速递物流公司在开拓农村物流市场方面积极探索。首先,江西邮政速递物流公司着力开拓农用物资分销网、农产品分销网、生活消费品分销网三大分销网,并将它们集合成一体化物流系统,如图 13.1 所示。通过构建一体化的农用物资分销网挖掘一些未能充分利用好的资源潜力,减少中间流通环节,节省物流运输成本,从而降低农用物资的流通成本。

其次,江西邮政速递物流公司借助邮政的品牌信誉,与一些品质信誉高的大型农资生产商进行合作,实施集中采购并提供农用物资"门到门"的配送服务,消除农民对所采购的农资质量安全的担忧。

此外,江西邮政速递物流公司积极尝试将原有的邮政物流信息系统进行升级优化,形成一个综合的信息系统网络,以求对所有的资源进行统一调度,进一步在农村建成相对独立、先进、高效、实用的物流信息网络平台。这也是邮政速递物流开拓农村市场的努力方向。同时江西邮政速递物流公司正在积极寻找可开发的农村生产、生活对流项目,采取内输外运相结合的方式,解决由单向物流运输造成的运输车辆空载率过高等问题,节省运输的整体成本,提高农村物流的整体竞争力。

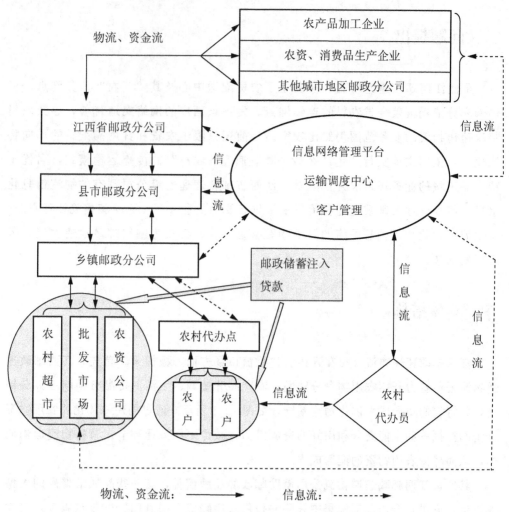

图 13.1 江西邮政速递公司发展农村物流网络模式

四、结束语

江西邮政速递公司作为一个国有独资企业，依托中国邮政强大的"资金流、实物流和信息流"优势，以市场为导向，以客户为中心，通过进一步做好邮政农村物流工作，为"三农"提供信息、金融、物流等多方面的综合服务，力求打造江西省内物流行业领先的快递企业。

思 考 题

（1）江西邮政速递物流公司开拓农村物流有哪些优势？
（2）结合本案例谈谈江西邮政物流进军农村市场可重点把握的业务内容。

案例 31　客户服务前永不止步的顺丰速递

基本知识点

客户服务：指一种以客户为导向的价值观，它整合及管理在预先设定的最优成本——服务组合中的客户界面的所有要素。广义而言，任何能提高客户满意度的内容都属于客户服务的范围。

一、案例背景

顺丰速运公司于 1993 年 3 月在广东顺德成立，其最初的业务只局限在我国的顺德与香港的即日速递。而后随着客户需求的增加，顺丰的服务网络延伸至中山、番禺、江门和佛山等地。在 1996 年，顺丰将网点进一步扩大到广东省以外的城市。到目前为止，顺丰在我国已建有 2200 多个营业网点，覆盖了 32 个省、自治区和直辖市的近 250 个地级市。2007 年以来顺丰相继在新加坡、韩国、马来西亚、日本等设立营业网点。2012 年在美国设立营业网点，覆盖全美 50 个州。

在不足 20 年的时间里，顺丰秉承"客户最重要，奉献最好的服务"的核心价值观，不断积极探索客户需求，不断推出新的服务项目，帮助客户缩短贸易周期，降低经营成本，提高产品市场竞争力。

二、问题提出

顺丰在民营快递企业中领军带跑，在全球速递业中崭露头角，其凭借着不断创新的高水平客户服务而不断发展壮大，稳步发展。随着跨国企业纷纷涉足国内速递业务，我国国有、民营速递企业将面临更为严峻的挑战。顺丰速运作为中国快递民族品牌的领军者，面临竞争与威胁又将何去何从？

三、具体措施

顺丰不断提高其客户服务的水平，从各个方面寻求新的突破，如图13.2所示。

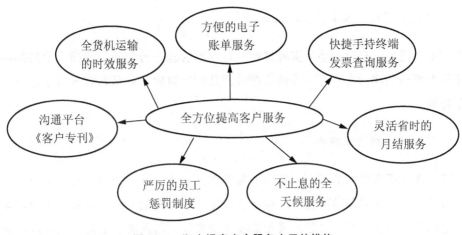

图13.2　顺丰提高客户服务水平的措施

1. 全货机运输的时效服务

速递服务的核心竞争力在于为客户赢得时间、抢占商机、创造更大的价值。顺丰及时捕捉到利用规模效应抵消包机所带来的成本增加，大胆投资，不断拥有自己的航空运输资源，并立志"做中国的UPS"。

早在2003年初，顺丰速递就与扬子江快运签了5架包机协议，启动了全货机航班包机承运业务，成为国内第一家也是目前唯一一家使用全货运专机的速运企业。目前租用东海快运与扬子江快运的13架全货运飞机，除此之外，顺丰还与多家航空公司签订协议，利用国内530多个客机航班的专用腹舱。然而自2004年始，顺丰航空业务年均增长幅度高达70%，租赁的机型已无法满足顺丰的长期发展，2009年顺丰与深圳市秦海投资有限公司合资筹建了"顺丰航空有限公司"，先后花费巨资购入5架货用飞机，顺丰根据业务发展需要，从最初拥有25%持股权到现在的85%持股权。2012年3月30日，顺丰与南方航空公司签署了总部战略合作协议，决定在北京、长沙、广州等8个站点展开速递协作，进一步保证了快件在全国城市间乃至国际间的高效运送。

2. 方便的电子账单服务

为满足客户多样化需求，方便客户了解自身的财务信息而提供的一种服务。客户可通过设置常用邮箱来获取账单信息。

3. 快捷的手持终端发票查询服务

顺丰为满足客户对发票的实时需要，对发票管理进行创新，实现了手持终端现场开具发票的功能。客户可在收到收派员开具的发票时，登录其官方网站进行发票信息查询。

4. 灵活省时的月结服务

顺丰在普通客户的基础上，增加了月结客户，并为其增加免费查询运单、免费短信跟踪、优先享受各种市场推广等专享服务。按月度的一次性结算快运费，可享有一定的预先消费额度，灵活的服务给客户带来方便的同时也提高了顺丰的客户忠诚度。

5. 不止息的全天候服务

由于顺丰采用的是全国直营模式，公司内部设立统一的呼叫电话，电话拨通一小时内上门取件，被称为是快递业的"麦当劳"。一年365天不分节假日全天候提供服务，延长每天收取快件的时间。在北京、天津、山东、广东、安徽和江浙沪地区等服务区域推出夜晚收件服务，充分满足客户需求，使得顺丰在客户心中留下了良好的形象。

6. 严厉的惩罚制度保证客户满意度

据了解，顺丰内部每位员工一年有60分，填错表最高扣10分，并严格规定不许员工染发，留须或留长指甲扣4分，扣至零分即被解雇。一个月迟到满30分钟便会收到警告信，收到第4封就离职。因而在速递业顺丰的前线离职率高是出了名的，所以其客户满意度高也是公认的。

7. 沟通的平台——《客户专刊》

为及时了解客户的需求，加强与客户的情感沟通、信息沟通、服务沟通，提升对客户的关怀,顺丰打造每月一期的客户专刊,传递企业的最新动态,传播企业文化,促进新业务的推广,征集客户的需求和建议,不断完善顺丰的客户服务水平。

四、结束语

勇于突破民族速运企业发展局限性的魄力,与不断创新、精益求精的服务形式,是顺丰得以持续稳健发展的原动力,也是其短时间内在众多民族速运企业中脱颖而出的法宝。

从租用飞机启动包机承运业务到收派员人手一部手持终端再到拥有自己的航空公司,顺丰凭借着强硬的技术和设备的支撑,不断完善其客户服务。不仅如此,顺丰还大胆创新,不断吸纳精英,为企业注入新鲜的血液,新的服务形式层出不穷。秉承客户第一的价值观,顺丰务实发展,不断为客户提供更优质的服务,挺高客户满意度的同时,也提高了企业的品牌价值。

思 考 题

(1) 顺丰速递公司是如何将提高服务质量及提高客户满意度落到实处的?
(2) 面对不断增加的客户需求民营速递企业该如何拓宽其服务领域?

案例 32　申通快递的前进之路与绊脚石

> **基本知识点**
>
> （1）服务（Service）：满足顾客的需要，供方和顾客之间接触的活动以及供方内部活动所产生的结果。包括供方为顾客提供人员劳务活动完成的结果；供方为顾客提供通过人员对实物付出劳务活动完成的结果；供方为顾客提供实物实用活动完成的结果。
>
> （2）物流服务质量（Logistics Service Quality）：用精度、时间、顾客满意度等来表示的物流服务的质量。

一、案例背景

20 世纪 80 年代以前，我国正规意义上的快递业务完全由中国邮政部门一家承担，直到 1987 年以前，中国邮政部门还占据全国快递市场 95% 以上的份额。随着国内外经济贸易的迅猛发展，尤其是电子商务的快速发展，我国的快递业进入了高速发展时期。2010 年，我国的快递业务年产值达到 600 亿元，并保持超过 20% 的年均增长。在这个快速发展的大浪潮中，众多民营企业也崭露头角。

申通快递，即上海申通物流有限公司，成立于 2007 年，上海申通 e 物流是申通快递网络的总部，拥有注册商标"STO＋申通"。申通快递负责对申通快递网络加盟商的授权许可、经营指导、品牌管理等业务。申通快递品牌创建于 1993 年，是国内最早经营快递业务的企业之一，经过十多年的发展，申通快递在全国范围内形成了完善、流畅的自营速递网络，基本覆盖到全国地市级以上城市和发达地区县级以上城市，尤其是在江浙沪地区，基本实现了派送无盲区。申通快递在全国各省市有六百多个一级加盟商（包括西藏拉萨等偏远地区）和两千多个二级加盟商、四千多个门店，五十多个分拨中心，全国网络共有从业人员四万多名，上万辆干线和支线网络车,日均业务量近百万票,年营业额超过四十亿元,成为国内快递网络最完整、规模最大的民营快递体系。

二、问题提出

申通快递作为本土的民营快递企业,具有很多优势——价格低廉、服务更灵活有效等,但也存在一些显而易见的劣势。首先,在中国的快递市场中,受国际快递巨头和EMS的影响,申通快递无法占据主要地位,单从与EMS的对比就可以看出其市场竞争力较弱(表13-1);其次,国内民营快递市场宏观环境不佳;再次,物流人才尤其是高素质人才的缺乏。

表13-1 申通与EMS各方面比较

比较项目	申通快递	EMS
企业提供的服务种类	跨区域快递(省际件、国际件);电商物流配送服务;第三方物流和仓储服务;代收货款业务;贵重物品通道服务	国际、国内特快专递;电商物流配送服务;次晨达、次日递、国际承诺服务和限时递等高端服务;代收货款、收件人付费、鲜花礼仪等增值服务等
承运货品	与EMS相似	增加鲜花礼仪速递等增值服务
业务覆盖范围	在全国范围内形成了完善、流畅的自营速递网络,基本覆盖到全国地市级以上城市和发达地区县级以上城市	服务范围延伸到国内外,业务通达全球200多个国家和地区以及国内近2000个城市,尤其在城乡地区有优势,基本实现了派送无盲区
收费情况	申通国内快递收费一般为10~20元,与EMS价格相近	
支付方式	均可以网上支付或现金支付	

三、具体措施

申通快递是中国的民族品牌,作为民营企业,要在快递市场与长期盘踞在国内市场的国际快递巨头和以中国邮政为代表的国有快递企业分一杯羹是极其困难的,而最终申通经过多年努力成为国内具有重要影响力的快递体系,与其经营理念、模式和特点是分不开的。

首先,申通始终坚持"一如亲至,用心成就你我"的服务理念,在资金投入、管理的规范化和提供安全便捷的服务方面都进行开拓和发展,为的就是以自身内在实力的提高来提升品牌价值。

其次,在经营模式方面,针对快递业的行业特点以及自身实际,申通采用的是低成本的扩张模式和贴近市场的运营模式。在申通发展的初期,其扩张主要是通过承包经营进行的。2002年5月,申通开始实行加盟制,申通快递的网络得以迅速扩大,然而,加盟体制虽然有利于快递企业网络的迅速扩大,但在管理方面却存在一些缺陷,为此,申通逐渐对加盟网点进行"收权",并创造性地引入了派送费互免体制,为申通的生存和发展奠定了良好的基础。在企业的运营模式上,申通形成销售网络、收件网络和投递网络三位一体的运营模式,所提供的服务很好地满足了市场需求。

再次,申通尤其重视信息系统的建设。2007年,申通快递与深圳敏思达公司建立信息化服务长期合作关系,据敏思达公司在申通项目开发案例中介绍,截止到2010年3月,已经陆续成功实施包括基础E3业务管理系统、淘宝电子商务信息化平台、高价值物品运作结算平台、客户服务管理平台等四大信息化平台,并进行了无缝整合对接。同时提供了与国际快递公司对接的国际件标准操作模型和标准数据接口。信息化的建设基本满足了申通发展的需要。

四、结束语

"创造民族快递的奇迹"这句话来源于申通公司主页,面对来自国际快递巨头、国内国营EMS以及民营企业中定位较高的顺丰等的竞争,对于申通来说,过去、现在和未来的每一步都是决定性的脚步。申通在致力于创造民族快递奇迹的过程中,要把握好自身的优势,更要在竞争与对比中不断完善壮大。在服务方面,提供更多增值服务,力求走差异化竞争的道路;在企业管理方面,加强和改进对各网点的管理,全面提高物流服务质量;在人力资源方面,注重引用和培养高素质的从业人员。在准确的市场定位和自身的努力建设下,相信申通创造奇迹之路会越走越好。

思 考 题

(1) 申通作为民营快递企业有哪些优势和不足？
(2) 谈谈对申通提升物流服务质量的建议。

案例 33　UPS 的扩张之路

> **基本知识点**
>
> 增值物流服务(Value－added Logistics Service)：在完成物流基本功能基础上，根据客户需求提供的各种延伸业务活动。增值物流服务提供商是提供功能性物流服务的企业根据货主企业的要求在保证单一物流功能低成本运作的基础上，进行货物拆拼箱，重新贴签、重新包装，包装、分类、拼货、零部件配套，产品退货管理，组装、配件组装，测试和修理等服务。

一、案例背景

20 世纪 50 年代，随着世界经济的复苏，国家之间、企业之间、个人之间的联系变得越来越紧密，现代物流业由此开始了快速的发展。特别是到了 20 世纪 70 年代，伴随着现代工业化的形成和科技的进步，现代物流业成为经济快速增长的助推器，发挥着越来越重要的作用。

UPS 公司于 1907 年 8 月 28 日在美国华盛顿州西雅图市创立，公司总部位于美国佐治亚州亚特兰大市。UPS 目前的业务主要分为三块：第一块是美国国内的包裹业务；第二块是全球包裹业务；第三块是非包裹业务，包括物流、货运、邮件和金融业务等。

二、问题提出

UPS 公司在 100 多年的时间里是怎样从一个默默无闻的小公司历练成为国际快递巨头的呢？

三、具体措施

UPS 公司之所以取得如此大的成功,其原因主要有三点。

1. 业务全球化

经济全球化趋势愈演愈烈,快递运输业也将毫无疑问的随之迅速扩张。毋庸置疑 UPS 在其美国本土的发展是非常成熟的,但和其他的快递巨头一样,为了扩大市场范围,降低经营成本,在激烈的市场竞争中取得优势,UPS 快递公司也在积极谋求铺设和完善海外网络。2012 年 UPS 收购 TNT 公司意味着其在欧洲的市场地位将可与该区最大的快递运营商德国邮政集团相匹敌,同时也将深化其在亚太和拉美这些高增长市场的发展。UPS 与 PeopleSoft 建立战略联盟,创建电子商务解决方案,收购了 Tandata 公司的部分股票,并正在与它合作开发全球多家运送公司合用的后勤软件。这样,UPS 就可以借助其公司的优势开发新的技术,增加了技术开发的效率。UPS 通过与其他企业建立战略联盟和兼并其他企业的形式避免其在某些技术方面的劣势,减少了人力资源的浪费和过长的资金占用,进而降低了成本,更加有益于 UPS 的业务全球化。

2. 服务优质化

UPS 的口号是"最好的服务,最低的价格"。其优质的服务主要体现在以下几方面。

(1) 快捷的传递。UPS 规定其国际快件必须在 3 个工作日内送达目的地,国内快递保证在第二天上午 8 点前送达,并且在美国国内 UPS 可以在接到客户电话 1 小时内上门收取快件。如此周到的服务为 UPS 赢得了"物有所值最佳服务"的声誉。

(2) 代理通关业务。UPS 建立的"报关代理自动化系统",可以自动处理其代理的货物信息,使得货物的通关手续在未到达海关之前就已经全部办理完成,为顾客节省了大量时间,提高了自己的服务声誉。

(3) 及时追踪服务。2011 年,UPS 全年累计运送 4 亿份文件及包裹,在如此庞大的货物运输量的情况下要保证在运输过程中明晰每一个快递的位置是非常困难的,UPS 利用其强大的信息追踪系统,使得客户能够随时了解包裹的位置。

(4) 提供信用担保和库存融资等物流增值服务。例如 UPS 可以直接到马来西亚的一个纺织原料厂收取货物并支付现金,然后将这些原料运抵洛杉矶的制造商,并从这家公司手中收取费用。这样 UPS 既提供了马来西亚原料厂急需的现金,又保证了洛杉矶的制造商得到了更可靠的货物运送。在这项服务中 UPS 担任了中介人、承运人、担保人和收款人四者合一的关键角色。

3. 运营信息化

过去 UPS 作为一个比较传统的快递公司,其经营理念更加注重效率与质量,而忽视高新技术的运用,而其老对手 FedEx(联邦快递公司)则通过自动报单、自动分拣、自动跟踪等系统,大大降低了空运服务的成本,使联邦快递主宰了 80 年代的航空快件市场。强大的竞争压力下,UPS 也开始意识到自己的短处,因而对信息技术方面进行了大量的投入。截止到 2011 年 UPS 公司共有技术雇员 4342 人,大型主机 11 个,笔记本电脑和工作站 193431 个,物理服务器 18229 个,在如此强大的技术支持下,UPS 可以快速地处理包裹的相关信息并且能实时追踪货物的地点,为其运营带来了极大的便利。

四、结束语

正因为 UPS 公司在业务运作、服务管理、日常运营方面的突出表现,为其成为如今的快递业巨头奠定了良好的基础,我国物流企业应结合自身实际情况,学习其长处,为自己今后的发展之路夯实基础。

思 考 题

(1) UPS 是如何开发和加强其核心能力的?

(2) 2012 年 9 月 7 日 FedEx、UPS 获得国内快递牌照,这将会对国内快递市场产生什么影响?

案例 34 DHL：专业诠释卓越服务

 基本知识点

（1）第三方物流（Third-Party Logistics，TPL）：相对"第一方"发货人和"第二方"收货人而言的，是由第三方物流企业来承担企业物流活动的一种物流形态。

（2）一体化物流服务（Integrated Logistics Service）：根据客户需求对整体的物流方案进行规划、设计并组织实施产生的结果。

（3）物流网络（Logistics Network）：物流过程中相互联系的组织与设施的集合。

一、案例背景

作为全球快递、洲际运输和航空货运的领导者，DHL 同时也是全球第一的海运和合同物流提供商。DHL 在很多业务上都是美国以外市场的佼佼者，公司在速递、供应链与货代业务上也是领军企业，是很多第三方物流公司学习的榜样。

DHL 致力于不断向客户提供富有创新和满足客户不同需求的解决方案。在世界各地，DHL 拥有在快递、空运、海运和运输各方面的专门技能。DHL 的全球网络现已覆盖了超过 20 个国家和地区，它的优势体现在能将覆盖全球的物流服务网络和所在国当地市场情况相结合。DHL 将继续应用尖端科技，不负众望地为客户提供快捷、可靠的一体化专业物流服务。

二、问题提出

如今的快递企业面临种种挑战，它们不仅需要控制或降低成本，应对同行业的竞争，还要考虑灵活应对瞬息万变的消费者需求。企业要继续生存就必须重视在技术创新、人才培养等方面上的投入，而 DHL 一直走在行业的前列并旨在打造国际速递专家，它是如何做到的呢？

三、具体措施

1. 注重技术创新

注重技术创新，是 DHL 前进不竭的动力。DHL 自 1986 年与中外运合资成为首家进入中国的国际快递公司后，始终将网络和信息技术建设放在 DHL 发展战略中的重要地位。DHL 无论在预约、取件、转运、派送等核心作业环节，还是在追踪、查询等增值服务方面都具有明显的优势。DHL 不仅保持了国际航空快递领域的领先优势，更增强了提供货运和物流解决方案的实力，成为业界最具实力的领导者。

2. 重视人才培养

DHL 是一家以人才培养为导向的公司，注重员工未来发展的潜力。企业会全年跟踪员工的成长，每年公司都会有两次正式的绩效和能力考核，根据考核的结果制订个人发展计划和接班人计划。2005 年，DHL 便在中国上海专门成立了 DHL 物流管理学院，通过与国内外知名学院合作等方式，为员工及客户提供全方位的物流及供应链管理知识的培训。DHL 的七个核心价值观分别是递送卓越品质、成就客户心愿、培养开阔胸襟、工作要事为先、勇于开拓创新、恪守诚信为本以及履行社会职责。在培养和灌输员工的价值观导向上，DHL 一直不遗余力。

3. 给客户创造增值服务

"为客户节约财富，给客户创造价值"是 DHL 的一贯宗旨。DHL 成功的核心在于其员工始终关注客户需求，并提供定制化的解决方案。DHL 为客户提供全球货件跟踪、便捷发件系统、电子邮件货件跟踪等先进的自动服务系统给客户提供个性服务，周到贴心。DHL 品牌所代表的个性化服务承诺、积极主动的解决方案与本地优势已深入人心。DHL 便捷发件、DHL e–Track、DHL 网上发件、DHL 短信追踪、DHL 短信即时送等系列信息化增值服务方案，让客户更准确地掌控物流进程，及时响应瞬息万变的市场动态。DHL 采取了多元价值创新战略使客户价值最大化，坚持为客户提供 DHL 全球一致的标准化服务，在各地为客户提供持续、安全、快速的快递服务。

四、结束语

DHL 一如既往地秉持专业精神与服务理念始终为客户递送卓越服务，永不满足。DHL 品牌所代表的个性化服务承诺、积极主动的解决方案与本地优势已深入人心。DHL 的成功在于其员工始终关注客户需求，注重创新和培养人才。

思 考 题

(1) DHL 的差异化服务体现在哪里，是如何满足客户需求的？
(2) DHL 成功之道对我国的第三方物流企业有哪些借鉴意义？

案例 35　定日达——定日必达

基本知识点

（1）定日达：天地华宇面向企业客户提供的高端公路快运服务，它以"准时、安全、服务"作为核心价值，并以高度的时效性和安全性成为中国公路运输的领先品牌。

（2）精准物流：在原有物流基础上，在运输方面精准把控货物从下单、运输等流程中的每一个细小环节，确保货物百分百安全到达，在时效方面通过标准化的作业，运输过程的实时监控，保证在承诺时间内准时到达。

一、案例背景

公路运输一直是物流行业中一个必不可少的服务手段，航空、铁路以及轮船货运的"最后一公里"都要由公路运输来完成。在天地华宇所做的《公路货运行业调查报告》中，中国物流业和发达国家相比呈现出相对低效和高成本的形势。我国公路运输长期处于散、乱、差的状态。相关统计显示，目前美国前五大公路运输企业的市场份额为80%，在整个欧洲这一数字为28%，而我国前五大公路运输企业的市场份额仅为4%。由此可见，我国公路运输地位和服务水平都有待提高。

天地华宇是全球领先的国际快递公司TNT快递在华全资子公司，为国家首批"AAAAA"级资质的物流企业。天地华宇的前身华宇物流1995年成立于广州，目前总部设在上海，运营着中国最大的私营公路运输网络之一。

二、问题提出

消费者对快递的要求是准时和快速。天地华宇推出的"定日达"在喊出"说到做到,定日必达"的口号时,也真真切切地让客户感受到了其优质的服务。

三、具体措施

2009年2月,天地华宇推出了国内第一个公路定时递送服务"定日达"(图13.3),面向企业客户提供的高端公路快运服务,希望以"价格低于航空货运,速度快于公路货运"的市场定位提升国内公路运输行业的服务标准。天地华宇仅用一年的时间,就从最初的4个城市、10条线路,拓展到覆盖26个城市,246条线路,服务800个运营点的规模。其准点率达到99%,而货损率却低于0.1%,达到公路运输最为发达的欧美市场标准。在2011(第九届)中国物流企业家年会上,天地华宇凭借成功推出的创新性产品"定日达"及系统性管理创新和服务升级,荣获由中国物流与采购联合会颁发的"2011中国物流管理创新型企业"大奖。"定日达"作为公路运输的高端精准物流,其推出不仅为客户带来了时间与服务质量的"享受",也不断地优化着天地华宇自己整个的业务流程。

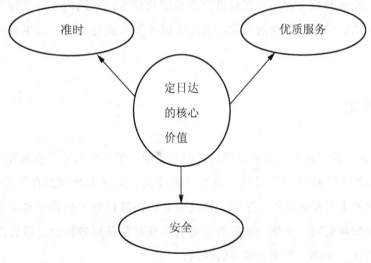

图13.3 定日达的三大核心价值

成本的高低是衡量一个公司业绩的重要因素。对于在公路货运市场上存在着低价恶性竞争的现象和在确保速度与降低成本这两者难以兼得的环境下，天地华宇借助"定日达"有效地避开了恶性竞争，同时又在速度与成本之间找到了一个很好的平衡点。"定日达"运营网点的服务线路涵盖长江三角洲、环渤海湾地区以及珠江三角洲三大主要经济区域，同时货物使用条形码以便客户可以在网上查询货物的运送进展，从而可以更好地掌控和计划货物递送，进而减少供应链成本。另外一方面，天地华宇为保证高标准的服务质量，严格对货物进行细密筛选，不仅要求对那些可能会对其他货物造成影响的普通货物严格打包，而且还将可能影响到其他货品的异形货、污染货列为公司的递送范围之外。这毫无疑问会增加公司的成本，但这项服务却能给公司带来良好的声誉，更能为将来带来更大的收益。

"定日达"快运服务的推出也带动着整条供应链流程的优化。或许外界对"定日达"的认识仅仅停留在"提速"效应，但是其最大效应是"定日达"的"定日准时到达"服务的稳定，这也就需要对整条供应链进行优化，达到稳定的效果。首先，天地华宇先是经过对每两个区域的货量进行分析和线路的优化计算，得到一个优化的线路方案，然后进行货量集中整合和实现支线中转，这样就大大提高了车辆的利用率，速度也得到很大的提高。最后再通过对车辆的选择改为大车型，降低了发车的频率，使得成本得以降低，供应商的利益也得到了更好的保证。可以说天地华宇是围绕着"定日达"建立了以分包中心为核心，中转为主的网络运行方式，在仓库等方面做了全面升级，对工作流程进行了标准化规范，对国内干线进行了优化，保证质量、速度、成本三方面的优化，由此在服务质量提升的同时成本也得到了有效控制。

四、结束语

"定日达"是天地华宇整合之路迈出的重要的一步，但这并不意味着结束，天地华宇仍然需要不断地对"定日达"进行升级优化，同时不断创新自己其他的服务。而对于我国整个公路运输行业来说，物流企业如何进行整个公路运输业务的整合和优化，政府如何制定一个统一的标准来约束和规范公路运输行为，进而改变我国公路运输的现状，这都是需要去解决的问题。

思 考 题

（1）速度的提高总是使质量难以得到保证，天地华宇是如何让质量得到保障的？

（2）结合案例，谈谈"定日达"的精准体现在什么方面？

第十四章　第三方物流专题

　　第三方物流又叫合同制物流，是在物流渠道中由中间商提供的服务，中间商以合同的形式在一定期限内，提供企业所需的全部或部分物流服务。第三方物流提供者是一个为外部客户管理、控制和提供物流服务作业的公司，他们并不在产品供应链中占有一席之地，仅是第三方，但通过提供一整套物流活动来服务于产品供应链。第三方物流通常多指生产经营企业为集中精力搞好主业，把原来属于自己处理的物流活动，以合同方式委托给专业物流服务企业，同时通过信息系统与物流企业保持密切联系，以达到对物流全程管理的一种物流运作与管理方式。

案例36　安吉：领跑中国汽车物流

基本知识点

（1）全球定位系统（Global Positioning System，GPS）：利用导航卫星进行测时和测距的一种信息技术，利用它能测定在地球上任何地方的用户所处的方位。

（2）物联网：通过射频识别（RFID）、红外感应器、全球定位系统、激光扫描器等信息传感设备，按约定的协议，把任何物品与互联网相连接，进行信息交换和通信，以实现智能化识别、定位、跟踪、监控和管理的一种网络概念。

一、案例背景

当汽车从奢侈品"沦为"大众消费品时，与日俱增的中国汽车市场规模带动了汽车物流市场的蓬勃发展，众多世界顶级的汽车物流巨头，如荷兰TNT、日本邮船株式会社、法国捷富凯、挪威华伦威尔森等也纷纷跻身中国市场希望在快速发展的中国汽车市场中分一杯羹。国外企业对中国汽车物流市场的觊觎让国内汽车物流商心跳加速的同时，也将为国内汽车物流注入新鲜的血液，开创全新的发展局面。

安吉天地汽车物流有限公司（以下简称"安吉"）是安吉汽车物流有限公司与荷兰天地物流控股有限公司合资成立的，从事整车物流、零部件物流、口岸物流以及相关的物流策划、物流技术咨询、规划、管理培训等服务专业物流公司。该公司能为客户提供物流一体化、技术化、网络化、透明化、可靠的、独特解决方案，目前是我国最大的第三方物流供应商。安吉拥有船务、铁路、公路多元化的运输结构和广阔的运输网络，以及遍布全国的50家仓库及配送中心，仓储面积近370万平方米，

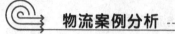

年运输吞吐量超过 250 万辆商品车，并且全部实现联网运营，在上海地区拥有独一无二的专业化汽车滚装码头。

二、问题提出

安吉为了在众多的世界汽车物流巨头中谋求发展，结合汽车物流的特点及中国汽车市场的现状，分别从业务领域、运作模式、信息系统上进行了探索，开辟出了具有安吉特色的新天地。

三、具体措施

1. 全方位的业务领域

1) 整车业务

整车物流是安吉的核心业务，其业务量已跻身全球汽车物流的第一阵营。在整车物流运作模式上，安吉已经可以通过独创的全球整车物流服务总包商（VLSP）物流服务模式（业界称为 3.5PL 模式，如图 14.1 所示），提供一体化的整车物流。3.5PL 模式既有 4PL 的资源集成管控功能，又有核心物流资源自行投资运营的 3PL 特色，从而在保障企业快速发展的基础上形成了具有鲜明企业特色的竞争力。

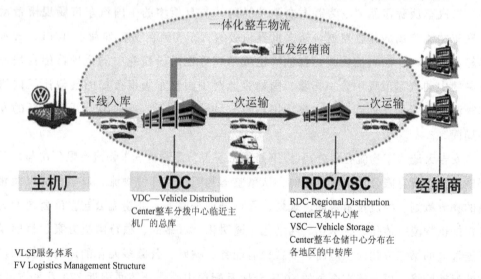

图 14.1 安吉 VLSP 物流服务模式

2) 零部件业务

零部件物流是安吉的战略业务,包括了零部件入厂和零部件售后,是安吉大力发展的重要领域。零部件入厂物流是汽车物流中最复杂、最有技术含量的组成部分,安吉现已经可以向客户提供零部件集货、入场运输、库存管理与方案设计、生产线配送、进出口业务整合等多样化的服务。并根据不同零部件厂家的特点采取整车满载、轮流取货、生产线直送等模式。零部件售后物流作为"汽车物流的最后一块蛋糕"是安吉不断拓展的领域。安吉现已具备大型售后物流库存的设计、管理、配送和优化等能力。

3) 口岸物流和工业品业务

口岸物流和工业品业务是安吉的新兴业务,其中口岸物流已经具备"无船承运人"和"一级国际货运代理",服务于内外贸易口岸及整车的进出口代理和上海及周边地区的配送。工业品物流可以算得上安吉涉足制造业物流领域的第一步,充分利用其在汽车供应链竞争中的经验与优势,将其推广到包括高铁、机械、电气、化工等各个生产制造行业,为客户量身定制物流解决方案,使得企业获得全面的发展。

2. 基地化的运作模式

2006年以前安吉的业务分配模式还是基于单客户、单业务基地,以上海为中心向全国发散,然而这种模式下的弊端很快就凸显出来了。例如,返程(市场)业务很少,资源利用率低,造成了极大的浪费。为此安吉提出了新的战略,在全国范围内建立以区域物流中心为运输、仓储、管理和服务的节点,建立包括一个调度平台(上海),多个业务基地,多层次服务的物流配送网络,通过这一配送网络,安吉可以对业务资源、运力资源进行整合,大幅度降低运输成本,获得竞争优势。

3. 助跑的信息系统

安吉的迅速发展壮大,离不开信息系统强有力的支持,也源于安吉对物流信息系统建设的极度重视。安吉现已开发并投入使用的具有自主知识产权的信息系统有整车运输、GPS系统、仓库管理信息系统、3D轿车配载演示系统、零部件入厂TMS运输管理系统和售后WMS仓储管理系统等,这些系统的构建大大地提高了安吉整体的物流能力,例如零部件入厂TMS运输管理系统为客户提供了取货送货的技术支持,也满足了客户对优化零部件仓库布局的需要,在提高运输和仓储资源利用率的同时,降低了成本。

不仅如此,安吉还致力于物联网技术的应用,实现信息的及时传递。把各个交接点的交接信息通过手持终端设备，采用RFID、GPS、条形码的扫描进行信息采集，经过GPRS的通信网络，传输到安吉的管理中心，管理中心的信息和安吉业务系统对接，及时更新订单交接完成状态。同时，安吉通过系统对接，把信息传送给汽车制造厂，使其了解商品车的交接情况，这些信息还会同步进入数据中心，通过数据中心的分析，发现问题并及时提出整改意见，制订整改措施。

四、结束语

安吉物流在公司发展上采取全局的发展观，战略上把握优势突出的同时争取新的业务拓展，战术上及时在旧的模式上发现弊端，创造新的适合公司发展的运作模式，业务层上，重视信心技术对业务进行的帮扶作用，加快信息系统的构建，安吉正在通过自己不断的努力，开创中国汽车物流的新天地。

思 考 题

(1) 基地化运作模式能为安吉获得哪些优势？
(2) 结合安吉现有业务预测其未来的发展方向。

案例 37　宝供的成功 "心经"

基本知识点

（1）第三方物流：相对"第一方"发货人和"第二方"收货人而言的，是由第三方专业物流企业来承担企业物流活动的一种物流形态。

（2）物流一体化：指以物流系统为核心的从生产企业经由物流企业、销售企业，直至消费者的供应链的整体化和系统化。

（3）物流信息系统：指由人员、设备和程序组成的，为物流管理者执行计划、实施、控制等职能提供信息的交互系统，它与物流作业系统一样都是物流系统的子系统。

一、案例背景

随着现代物流业的迅猛发展，国内的物流公司如雨后春笋般涌现，第三方物流产业逐渐成长壮大。近几年，我国的第三方物流市场正以每年16%～25%的速度增长。虽然我国物流行业发展很快，但目前物流发展水平仍比较低。

宝供物流企业集团有限公司（以下简称"宝供"）创建于1994年，总部设在广州，是国内第一家经国家工商总局批准以物流名称注册的企业集团，也是中国最早运用现代物流理念为客户提供物流一体化服务的专业公司。宝供目前是我国最具规模、最具影响力、最领先的第三方物流企业。

经过近20年的发展，宝供集团已形成了一个覆盖全国，并向美国、澳大利亚、泰国等地延伸的物流运作网络。企业拥有先进的物流信息平台，为全球500强中的50多家大型跨国企业及国内一批大型制造企业提供物流一体化服务，并与他们建立了战略合作伙伴关系。

二、问题提出

21世纪是知识和科技的时代,专业化、细致化、科学化的物流服务将成为客户物流体系改革、整合、规划和设计的重要依据。现代科学技术如条码技术、自动识别技术、自动分拣技术、卫星定位技术等将成为物流运作的重要工具,引起了第三方物流企业的重视。传统企业的单一成本竞争策略向差异型、个性化物流特色服务策略转变将成为众多物流企业发展的必然方向。

三、具体措施

宝供自创办以来,一直致力于推动中国现代物流的发展,宝供模式已成为中国现代物流发展的主流模式。

1. 特色化物流服务模式

宝供大力推行"量身定做、一体化运作、个性化服务"模式。红牛饮料公司曾经遇到过这样的问题:公司不能及时掌握产品的准确销售数据,无法对市场变化做出及时、正确反应。因此,针对红牛公司的问题,宝供为其开发了一套针对物流业务的订单管理系统,系统与宝供的系统对接。宝供让客户真正体验到"上帝"的感觉,对那些客户负面反应比较多的项目或行为,及时加以改进,最大限度地将客户满意度转换为客户忠诚度。

2. 建立先进的物流信息系统和运作网络

宝供开创性地建设了国内首家基于 Internet/Intranet 的全国联网的物流信息管理系统,完成关键客户与宝供信息系统的对接工作。之后,宝供以业务为导向,基本建成宝供第三方物流信息集成平台,全面有效集成订单管理、仓储管理、运输管理和财务管理模块,实现了物流、信息流和资金流的一体化管理;通过 EDI 等技术,实现了与客户信息系统的有效信息交换与共享,在国内处于领先水平。

宝供还全面推行 GMP 质量保证体系和 SOP 标准操作程序,使宝供集团的整个物流运作自始至终处于严密的质量跟踪及控制之下,确保了物流服务的可靠性、稳定性和准确性。宝供集团的货物运作可靠性达到99%,运输残损率为万分之一,远远优于国家有关货物运输标准。

3. 运用现代物流理念为客户提供物流一体化服务

宝供集团自成立之日起，就不断汲取国外先进物流理念，大胆探索和创新，并基于对市场的敏锐观察和分析，率先打破传统的分块经营、多头负责的储运模式，建立门对门的物流服务方式。从生产中心到销售末端，无论中间经过多少环节，采用多少运输方式，一概实施全过程负责。宝供首先采用这种方式为宝洁公司服务，使宝洁公司在中国的分销业务得以顺利开展，市场不断扩大，收到了良好的经济效益和社会效益。

四、结束语

宝供集团一直秉持着顾客至上原则，根据客户的生产及销售模式全面规划物流服务模式、优化业务流程、整合物流供应链，为全球客户提供优质的个性化的第三方物流服务，并在不同客户间诠释物流管理者这一角色。宝供通过为客户提供个性化、一体化服务，帮助客户降低物流成本、提高客户竞争力的同时提高自身核心竞争力，最终达到与客户双赢的目的。

思 考 题

(1) 宝供集团作为我国第三方物流企业的"璀璨之星"，有何成功做法及经验？
(2) 结合本案例谈谈企业物流一体化运作的好处。

案例38　远成插上飞的翅膀——物流信息化

> **基本知识点**
>
> 物流信息化（Logistics Informatization）：指物流企业借助计算机等智能化工具，运用现代前沿的信息技术对物流活动过程中产生的信息及时进行收集、传递、筛选、加工、汇总、识别、跟踪、查询等一系列处理活动，以实现对货物在运输和储存过程中的控制，从而提高物流管理效率，有效降低物流成本。

一、案例背景

我国的物流相对于发达国家物流起步比较晚。当前，中国大多数物流企业都是由传统的仓储企业、运输企业转变而来，物流信息化程度低，竞争力弱，出现运输成本高、空载率高、货损高等问题。现在我国的 GDP 以每年 8% 以上的速度增长，进出口贸易的业务量也在逐年上升，物流业务在市场上非常活跃，这不仅为物流企业提供了良好的前景，也为物流的发展提供了广阔的空间。

远成集团有限公司是一个有着二十二年拼搏历史的物流企业，经历了从崛起到发展再到转型三个阶段。远成集团为向客户提供高水平的物流服务，积极引进现代物流信息技术，形成"以铁路干线运输为基础，公路快运为延伸，区域配送为深度渗透"的多层次、覆盖范围广的运输服务网络体系，实现了企业的物流信息化，并以其"以心传递、畅达天下"的服务宗旨，有效地为客户提供查询、监控、跟踪、结算、配送等功能。

二、问题提出

随着我国经济的飞速发展,远成集团凭借自己的资金优势,丰富的物流经验以及良好的口碑,以其星级物流的服务宗旨,使其物流业务不断扩大。伴随着企业的高速发展,远成集团不断暴露出其短板:在资产管理方面,由于企业的快速发展,建设网点的速度快,使资产不便于统计和跟踪,同时货物难以得到有效的监管,有时会发生货物丢失等事件;在运作管理方面,未能全面自动化处理和追踪订单,并且存在不能有效管理车队,货损货差严重,运输、仓储和配送等环节不顺畅;在客户和伙伴管理方面,不能及时响应和执行客户的订单,对于合作伙伴的管理比较分散,未开发出信息系统接口,无法实现对接等;在决策管理方面,分公司不能及时汇总财务信息,并且决策缺乏科学依据,多凭经验执行;在信息化方面,企业现行的信息系统已经无法充分满足大量数据处理以及快速地和合作伙伴及客户的系统集成等,形成信息系统远远落后于业务的发展。

三、具体措施

远成集团在意识到自己的问题后,选择了勇敢地面对,积极采取措施,制订出信息化总体策略,引进先进的现代物流信息技术来改造企业,使企业实现物流信息化,有效满足客户的各种需求,走在时代的前沿。远成集团为实现其物流信息化,制订出了"四个一"战略。

(1)"天上一颗星"——通过 GPS/GIS 系统统一对物流运输系统进行管理,实现对车队和货物的准确定位和实时监控,减少货损货差等。

(2)"地上一张网"——在各地快速地铺设密集化网点形成广覆盖的物流运输网络,有效满足客户的需求。

(3)"送货一条龙"——通过与各子公司及供应商等合作伙伴建立的计算机信息化联网,实现信息系统的对接,进而降低物流成本,及时响应市场,形成最佳物流解决方案。

(4)"管理一棵树"——利用计算机网络把总部、各子公司、各网点和客户像一棵大树一样有机地结合在一起。

远成集团创造"以点带面"的辐射效应,由大、中城市单一的同心圆式的布局网络向与"卫星"城市交叠的立体式布局网络转变;由原先只注重"大客户"开发的商业模式向全面注重高附加值的"消费者体验"模式转变，实现其转型，达到高度的物流信息化。

四、结束语

通过对物流信息化的建设，远成集团跨进了现代一流物流企业的行列，从中获得竞争优势。首先，信息运作更加透明化，在人力、管理和运作成本上实现降低，能快速地响应客户的需求，有效地配置企业的各种资源，使企业赢得更多的客户；其次，加强了集团对人、财、物有效地控管，全面有效地管理和整合市场、销售和客户服务，提升了竞争力。

思 考 题

（1）远成集团发展中存在哪些不足？
（2）远成集团在物流信息化道路上有哪些做法？
（3）浅谈物流信息化的积极意义。

案例 39　恒冰物流公司运输业务优化

 基本知识点

（1）冷链物流：泛指冷藏冷冻类食品在生产、贮藏运输、销售，到消费前的各个环节中始终处于规定的低温环境下，以保证食品质量，减少食品损耗的一项系统工程。

（2）GPS（Global Positioning System）：指全球定位系统，可以提供车辆定位、防盗、反劫、行驶路线监控及呼叫指挥等功能。

一、案例背景

我国现代物流业的快速发展带动各类物流企业应运而生，突出表现在全国各地涌现出了大批的中小型货运物流公司，但普遍存在着管理方法陈旧，运作效率低下，快速响应客户需求的能力不足等经营缺陷。随着物流运输企业数量的不断增加，面对更高的运输质量要求和运作维护成本，企业间竞争日趋激烈，如何优化提升自身业务操作与管理水平显得尤为重要。

江西恒冰物流有限公司(以下简称"恒冰物流公司")创建于2008年5月，是一家专业从事冷藏、冷冻货物运输业务的第三方物流企业，公司主要承运上市公司福建圣农发展股份有限公司、圣农食品有限公司的肉产品至全国各地，是目前江西较大的冷链运输企业之一。

目前公司的营运网络主要集中在长江以南地区，其中广东、江西、福建、江苏、上海为重点区域，公司运输线路基本覆盖这些地区的重要城市，这些线路也是公司主要赢利线路。随着公司的日益壮大，恒冰物流公司已决定以冷链物流运输市场的规范化和扩大化为契机，及时调整公司运营机制，尽快铺设全国范围的更大规模的运输网络，顺应当地众多企业产品外运的迫切需求。

二、问题提出

目前,恒冰物流公司的运输调度工作主要依靠传统方法进行,调度员在完成车辆调度的计划制订和调整等工作时,主要依靠的是自身的经验和对线路的熟悉度,运输车辆与调度中心之间,车辆与车辆之间的联系主要依靠移动电话来完成,这种方式如果是在公司规模较小、线路较短、道路状况良好、各类车辆均处于良好运行状态下可能是最节约,最简化的。但近年随着公司规模的扩大、车辆数目的增多,业务范围的拓展,公司对车队缺乏必要的动态信息和有效监管,导致对司机、运输车辆动态及运输成本等方面的控制力不从心,存在一定的粗放管理隐患,如图14.2所示。

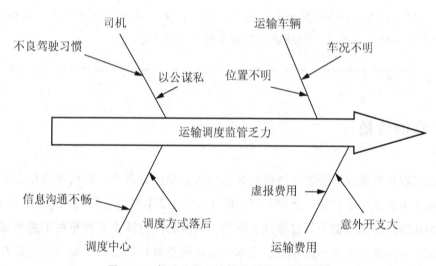

图 14.2 恒冰公司运输管理存在的主要问题

此外,恒冰物流公司的车辆回程揽货工作是由司机个人负责,司机常用手段是通过电话询问、配货中介以及自身人脉关系寻找货源,通常结果是货物构成复杂,并以非冷鲜产品为多数,经营信誉差,运输安全和货物保险能力低,异地配载难度很大。

三、具体措施

为提升企业竞争力、增强客户服务水平,恒冰物流公司采取了一系列措施进行业务改善。

1) 引入 GPS 等信息技术作为公司业务监管的辅助手段

GPS 能够实时掌握车辆运行情况，确定车辆的实时状态，保证全方位选配最优交通线路，同时可以对车辆抛锚或堵车等意外状况快速知情，确保营运安全，通过系统监控中心可以实时检测驾驶员的行驶速度和驾驶状态，观察行驶记录器、温度感应器，实时对货车冷藏柜温度、车辆状态进行抽查，以杜绝意外状况和司机违规行为造成运输事故，保障运输质量。借助于信息技术可以实现统一合理化的调度指挥，提高运输效率的同时，尽量杜绝出现某些车辆超载、绕路和空驶等不合理情况，可以进一步提高车辆有效使用率。

2) 开展异地对流业务以应对回程放空

恒冰物流公司在几个重要业务点设立办事处，与当地企业合作，开展相互间的货物对流运输业务，这在很大程度上会减少运输车辆的回程空驶率。恒冰物流公司由于自身冷藏运输的特性，在寻找对流合作企业中应当有所侧重，目前公司正在尝试与一些流通速率较快的冷鲜品厂家在各地的分公司或承运公司商开展相关合作事宜。

四、结束语

伴随着恒冰物流公司运输业务优化的具体实施，企业将远离原有的粗放、低效管理状况，公司的运行将更加轻松有序，公司、车辆、司机三者间的关系也会更加紧密协调，以最终实现恒冰物流公司的可持续发展。

思 考 题

（1）要解决回程放空问题有哪些措施？
（2）生鲜冷链物流运输的特点及注意事项有哪些？

第十五章 食品物流专题

　　食品物流是食品流通，但随着经济的发展，它所指的范围非常广泛，包括食品运输、储存、配送、装卸、保管、物流信息管理等一系列活动。食品物流相对于其他行业物流而言，具有其突出的特点：一是为了保证食品的营养成分和食品安全性，食品物流要求高度清洁卫生，同时对物流设备和工作人员有较高要求；二是由于食品具有特定的保鲜期和保质期，食品物流对产品交货时间即前置期有严格标准；三是食品物流对外界环境有特殊要求，比如适宜的温度和湿度；四是生鲜食品和冷冻食品在食品消费中占有很大比重，所以食品物流必须有相应的冷链。

案例 40 光明乳业的冷链生命线

基本知识点

冷链：指根据物品特性为保持其品质而采用的从生产到消费的过程中始终处于低温状态的物流网络。

一、案例背景

目前，随着乳制品消费群体的增加、生产规模的扩大、物流配送范围的扩展，我国乳制品行业的飞速发展和滞后的冷链物流体系形成鲜明对比，我国冷链物流水平远低于外国。落后的原因很多，最为突出的原因是冷链物流成本高、缺少专业的第三方乳制品冷链物流企业以及缺乏相应的行业标准。

光明乳业股份有限公司是由国资、外资、民营资本组成的产权多元化的股份制上市公司，主要从事乳制品的开发、生产和销售，奶牛和公牛的饲养、培育，物流配送以及营养保健食品的开发、生产和销售。公司拥有乳品研发中心、乳品加工设备以及乳品加工工艺，形成了消毒奶、保鲜奶、酸奶、超高温灭菌奶、奶粉、黄油干酪、果汁饮料等系列产品，是目前国内最大规模的乳制品生产、销售企业之一。

二、问题提出

早在 1992 年，光明乳业就从法国引进了牛奶保鲜的概念，开始在生产中提出冷链要求，自此，光明乳业对冷链系统的建设日益精进。冷链是一项复杂的系统工程，为达到以低成本满足高服务水平的要求，进而促进销售的目的，需要供应链之间高度的协调、畅通的信息流通和高效的运作等。目前光明乳业已建立起一整套完善的冷链系统，并以此来全面保证产品质量。

三、具体措施

光明乳业在业内很早就开始着手冷链系统建设，同时也敏锐地意识到了信息流对于商流和物流的促进作用。1999年光明乳业就开始推行ERP项目，2003年由光明物流事业部单独成立上海领鲜物流有限公司，正式成为中国最大的冷链物流企业之一。通过对整个物流系统的有效规划，常温工程、冷链工程的相继建设和有效运作，光明的冷链生命线一直为消费者输送着新鲜。冷链系统是与科技进步息息相关的，光明采用世界先进的机械化挤奶设备和恒温冷藏系统，牛奶一挤出来就能将温度控制在4℃以下，装入冷藏奶槽车送到工厂，奶槽车可直接与加工管道连接，加工完成的产品都放在物流配送中心的冷库里。在进行配送时（图15.1），冷藏车与冷库门廊相接，产品始终处于维持其品质所必需的可控温度环境下。2010年开始在上海市推行的送奶上门服务中，都采用了恒温送奶车和密封奶箱。光明乳业免费为订奶消费者安装"不怕热"奶箱，在为社区奶站送奶的过程中，不但在送奶车中安装隔热内胆和冰袋，在消费者的奶箱里也安装用聚氨脂隔热材料及PUC塑面制成的隔热内胆，让消费者喝到的牛奶真正实现全程低温冷藏。

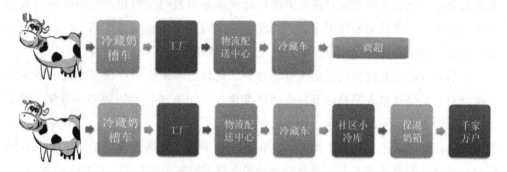

图15.1 光明乳业配送示意图

冷链配送的货物一般都具有易腐性和时效性，乳制品无一例外地具备这两个特性，因此在乳制品的整个物流过程中，冷链将是其产品质量的保证。针对光明乳业来说，首先，其投入了大量的精力、不惜昂贵的成本来保证其产品的冷链不"断链"。其次，我国能提供专业的第三方冷链物流企业不多，夏晖物流、中外运冷链和光明乳业下属的领鲜物流等是业内较为有名的企业，这些企业大多是从普通物流企业转型而来，只有光明乳业的领鲜物流是由做乳制品的冷链起家，经过多年发展成为专业的且能提供高品质服务的企业。光明乳业冷链系统的成功建立，与这一切是密不可分的。

四、结束语

随着经济的发展和人民生活水平的提高,人们对乳制品的品质要求会越来越高,而层出不穷的食品安全问题却与消费者的期望背道而驰,就连冷链系统相对完善的光明乳业也经常为此困扰不已。这意味着市场对乳制品以及食品物流的需求与现在企业所能提供的物流平均水平还有很大差距,企业需要以市场为引导、以提升自身能力为目标,并以国家的相关行业政策为契机,为消费者提供绿色、环保、优质、安全的产品。

思 考 题

(1) 简述乳制品企业发展冷链物流的必要性。
(2) 乳制品企业发展冷链物流需要哪些条件?

案例 41　沃尔玛试水农超对接

> **基本知识点**
>
> 农超对接：指农户和商家签订意向性协议书，由农户向超市、菜市场和便民店直供农产品的新型流通方式，主要是为优质农产品进入超市搭建平台。

一、案例背景

随着农业产业化的发展，优质农产品需要寻求更广阔的市场。传统的农产品销售方式难以在消费者心中建立起安全信誉，也难以保证生态农业基地生产的优质农产品的价值。2012 年商务部市场体系建设司发出通知，决定组织全国 13 个试点省区市开展"农超对接进万村"活动。

沃尔玛(中国)是首批入选"百个农超对接示范项目"的超市之一，自 2007 年开始尝试农超对接以来，沃尔玛先后在中国 23 个省和直辖市建立了 80 多个农产品直采基地，包括蔬菜、水果、大米、杂粮、肉制品等产品，其货架上销售的果蔬、肉类、水产有 10% 来自这些基地。

二、问题提出

从 2007 年开始，沃尔玛就不断尝试农产品的直接采购。在与合作社的"农超对接"试点中，沃尔玛不仅在农产品生产过程中加强了环境保护和食品安全监控，还将"从农场到餐桌"的食品安全概念落实到产品上。这一做法有效地为消费者提供了质优价廉的农产品，显著地提高了农民的收入，加快了地方经济的发展。当然，在这多方共赢的局面背后，最大的赢家还是沃尔玛，"农超对接"减少了其流通环节，降低了其采购成本，提高了其综合竞争实力。

三、具体措施

沃尔玛将其在全球农产品可持续发展方面的经验引入中国的供应链,"农超对接"项目就是沃尔玛(中国)的可持续发展战略最具代表性的项目之一。以沃尔玛与北京兴业源运启发果品产销专业合作社的合作为例,沃尔玛对其前期考察工作就花费了大半年时间。由此可见,能够通过沃尔玛的考核,并纳入其管理体系,并不是一件容易的事。

1. 严密审查流程

沃尔玛对每一个项目,都设置了严密的流程进行审查。首先派专家和采购团队去基地考察,了解农产品的产量、产品结构,以及基本设施等。若以上指标达到基本要求,沃尔玛则会安排内部的计量控制检验部门和第三方国际认可公司,对农户在食品安全、环境保护、农药化肥、耕种技术等多个方面进行审核,在这些指标中,其更关注对方的产品质量,只有各方面都达到国家标准,双方才能建立密切合作。若农产品质量不合格,沃尔玛会进行培训,包括农产品从种植到采摘,甚至到包装,待各项指标符合国家标准后,双方再进行合作。

2. 提前设定收购保护价

当农户产品通过沃尔玛的审核,沃尔玛与农业合作社双方将签订一份合同。在合同中,沃尔玛会把全年的预计采购量告知该合作社,而每个月的采购量则会根据具体情况进行调整,采购价格也会根据市场波动,每两周调整一次。为保障农户利益,沃尔玛还提前设立收购保护价,这个价格能够确保在天气或是市场行情不好的时候,使农户的商品售价高于最低的市场价。

3. 全过程可追溯

当农业合作社的农产品装箱之后,沃尔玛就开始了对物流品质的全程控制。在运输途中,为了不产生太大损耗,沃尔玛会严格监控包装技术,控制物流温度,以保证损耗从通常状态下的10%,降低到5%以内。当农户的产品被装箱运往沃尔玛的配送中心时,每一个供应商都可通过沃尔玛自有的一套系统(零售链)查看每一件产品在每家店的销售和库存情况,以及售价等信息。若双方合作超过一年,供应商

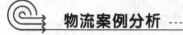

还可以把去年同期的产品销量调出来,进行参考。客户还可利用沃尔玛食品安全追溯体系,根据瓜果蔬菜包装箱的编号,找到沃尔玛商场摆放的来自全国各个基地食品的生产地。

四、结束语

对于沃尔玛来说,在农超对接实现之后,农产品在流通环节能节省至少五六个中间环节,如果平均每个环节省下五六个百分点,最终沃尔玛的商品售价就能够比市场价低20%~30%,减少了流通环节之后农产品的损耗也降低到5%以内,这些节省下来的成本都将反馈给消费者,让他们买到更实惠的产品。沃尔玛实施农超对接将有效地实现顾客、农民及地方经济多赢。

思 考 题

(1) 沃尔玛与合作社如何实现农超对接?
(2) 沃尔玛与合作社的合作给双方带来哪些好处,合作中应注意哪些问题?

第五部分　其他扩展篇

第十六章 绿色物流

绿色物流是指以降低环境污染、减少资源消耗为目标，利用先进物流技术规划和实施运输、储存、包装、装卸、流通加工等物流活动，实现物流作业环节和物流管理全过程的绿色化。绿色物流的内涵包括：①集约资源，通过整合现有资源，优化资源配置，可以提高资源利用率，减少资源浪费。②绿色运输，要对运输线路进行合理布局与规划，通过缩短运输路线，提高车辆装载率等措施，实现节能减排的目标；还要注重对运输车辆的养护，使用清洁燃料，减少能耗及尾气排放。③绿色仓储，一方面要求仓库选址要合理，有利于节约运输成本；另一方面，仓储布局要科学，仓库要得以充分利用，仓储面积利用要实现最大化，以减少仓储成本。④绿色包装，要提高包装材料的回收利用率，有效控制资源消耗，避免环境污染。⑤废弃物物流，对经济活动中失去原有价值的物品进行搜集、分类、加工、包装、搬运、储存等，然后分送到专门处理场所进行妥善处理。

案例42　上海通用领跑汽车业"绿色供应链"

基本知识点

　　绿色供应链：最初是由美国密歇根州立大学的制造研究协会在1996年提出的，当时提出这个概念的目的，是基于对环境的影响，从资源优化利用的角度，来考虑制造业供应链的发展问题。也就是说，从产品的原材料采购期开始，就进行追踪和控制，使产品在设计研发阶段，就遵循环保的规定，从而减少产品在使用期和回收期给环境带来的危害。

一、案例背景

　　进入21世纪后，欧盟倡导的绿色产品所造成的供应链效应将带领全世界制造业进入一个对环境更友善的新纪元。对于十分依赖各种资源的制造企业来说，如何处理好资源与环境协调的发展关系，转变传统生产方式，保持可持续增长，对生产制造企业来说尤为重要。上海通用汽车有限公司抓住这一机遇，率先拉开了汽车产业上下游"绿色供应链"多赢计划的序幕。

　　上海通用汽车有限公司（以下简称"上海通用"）成立于1997年6月12日，由上海汽车工业（集团）总公司、通用汽车公司各出资50％组建而成，业务链体系覆盖程度、生产基地数量、产品种类、动力总成的制造规模等都位于国内合资企业之首。2005年通用汽车总公司、世界环境中心和中国汽车工程学会合作，在中国启动"绿色供应链"示范项目，帮助汽车零部件供应商提高环保能力，减少资源消耗。

二、问题提出

　　在产业链上游，经过第三方国际环保组织认证的上海通用"绿色供应商"如今已达到241家，充分体现了龙头主机厂对行业绿色发展产生的巨大引领作用，到2015年上海通用汽车将实现300家绿色供应商的目标。这一"绿色效应"贯穿整个业务链，包括绿色研发、绿色产品、绿色采购与供应链、绿色物流、绿色制造、绿色IT、绿色经销与服务等。

三、具体措施

上海通用充分发挥龙头企业影响力，以身作则，从零部件供应、生产制造、生产服务等多方面积极打造包括绿色供应链在内的绿色生态系统（表16-1），带动上下游企业共赴绿色远景，有利于我国汽车业传统观念的转变，树立可持续发展意识，加强供应商与企业的合作伙伴关系，实现整个产业链共赢。

1. 零部件供应方面

上海通用作为产业龙头，吸引了众多零部件供应商，形成产业集群。其不仅在工艺上、业务流程上摸索科学的方法，还配合供应商落实这些做法。对此，各个供应商的积极性都非常高，每年的节能能产生明显经济效益。其位于上海金桥、山东烟台、沈阳北盛的各个基地，都根据上海通用的统一要求进行"绿色供应链"的打造，对供应商的厂房设备、生产场地、工艺过程以绿色规范进行评估，帮助供应商改进技术，合理利用资源，减少能源、原材料的消耗。

2. 生产制造

上海通用建有国内第一家达到国际环保水平的水溶漆车间，采用世界最先进的绿色环保涂装工艺。2012年，上海通用斥资70亿元的第四工厂在武汉奠基，根据规划，上海通用武汉工厂将生产中小型车。目前上海通用共有沈阳北盛、烟台东岳和上海金桥三大基地，总产能100万辆，三大基地的中水回用设施使用国外先进的污水处理技术，各工厂的工业污水和生活污水全部实行了无害化处理，各项污染物100%稳定达标。

3. 生产服务

经销商在上海通用"绿动未来"战略的实施过程中，并不是看客，恰恰相反，他们成了重要的参与者。上海通用汽车工程师会同国际环保专家一起到销售第一线提供现场技术支持，帮助经销商科学地实施绿色销售。同时，经销企业通过不断改进设计，使用清洁的能源和原料，采用先进的工艺技术和设备及改善管理、综合利用等措施，实现了从源头削减污染，提高资源和能源利用率，减少或避免了维修保养过程中污染物的产生和排放，减轻或消除了对人类健康和环境的不利影响。

表16-1　上海通用汽车实现绿色供应链措施

方　面	措　施
零部件供应	自身作为产业龙头，形成产业集群
生产制造	建造国际环保水平的水溶漆车间
生产服务	设计、使用清洁的能源和原料；采用先进的工艺技术和设备

四、结束语

由上海通用汽车公司率先发起的这场"绿色供应链"革命，不仅有利于整个产业链的可持续发展，还在一定程度上带动越来越多的企业投身绿色发展浪潮。这种从源头控制抓起，以"清洁生产"制造绿色产品的理念与行动，突显出上海通用"绿动未来"战略"全方位"的特色与意义。

思　考　题

（1）上海通用公司如何领跑汽车业"绿色供应链"？
（2）企业发展"绿色供应链"之路有何意义？

第十七章 物流金融

　　物流金融是物流与金融相结合的复合业务概念，伴随着物流产业的发展而产生，是一种创新型的第三方物流服务产品，它为物流产业提供资金融通、结算、保险等金融服务业务，也为金融机构、供应链企业以及第三方物流服务提供商之间的紧密合作提供了良好的平台。在物流金融中涉及三个主体：物流企业，客户和金融机构，物流企业与金融机构联合起来为资金需求方企业提供融资，使得合作能达到"共赢"的效果。物流金融正成为银行的一项重要金融业务，并逐步显现其作用。

案例43 中储运抓住时代的脉搏——物流金融

> **基本知识点**
>
> 物流金融(Logistics Finance)：指专业的第三方物流企业在金融市场中通过与金融机构的合作创新，运用金融工具使物流服务的价值得以增值，主要是依托在供应链运作过程中各种交易关系所产生的担保品向客户(尤其是中小企业)提供的融资及配套的结算、保险等服务的业务。

一、案例背景

目前，我国企业(特别是中小型企业)的流动资本周转率远低于国际的平均水平，同时，企业的库存率远远高于发达国家。企业的库存商品占用了企业的大量流动资金，企业背负着资金周转的负担，对企业的发展起了阻碍作用。而物流金融则可以成功解决资金周转困难的问题，盘活企业的资金，使企业有充足的资金用来采购、生产等，促进企业的健康发展。

我国的物流金融在1991年开始起步，中国物资储运总公司(CMST)与银行合作在无锡开始了第一笔简单的存货质押业务。随后，公司通过不断地实践和探索，开创出了多种仓单质押融资监管业务模式，并又与银行等金融机构签署协议，业务量逐年上升。

中国物资储运总公司(以下简称"中储运")是具有45年历史且名列全国前茅的专业物流企业。该公司依托分布在全国各地的主要核心城市的63个大中型仓库提供覆盖全国、辐射海内外的全过程物流解决方案，组织全国性及区域性仓储、配送、信息等综合物流服务，以及建立起全天候、全方位、个性化、全过程综合配套的多维立体服务体系(图17.1)。

图 17.1　中国物资储运总公司官网

二、问题提出

如今，中储运在物流金融业务方面仅质押货款规模，每年就超过 100 亿元，质押品种涉及范围广泛，其中包括建材、化工原料、金属材料、汽车、纸制品等，为此，中储运积极开展合作，寻找解决巨额货款的方法。同时，中储运对于客户的情况、信誉以及质押品的特性进行严格把关，以致到目前为止，中储运未出现过一起呆账、死账的事件。其经过不断摸索，根据不同企业的不同特征，提供个性化的物流金融服务，为企业带来了福音。

三、具体措施

从中储运第一笔集物流融资于一体的仓单质押融资监管业务开始，经过不断地探索和创新，其物流金融业务量不断扩大，并以每年 119.1％左右的幅度增长。随着业务量的上升，为了满足客户的资金需求，中储运一方面依托自己的资金实力、品牌优势、高端技术人才和几十年丰富的物流管理经验，另一方面积极与各大银行联手合作。中储运先后与各大有资金实力的银行进行合作，共同推进物流金融业务的发展。目前，中储运与四大国有银行、浦发银行、深圳发展银行、交通银行等十几家金融机构进行合作，建立了伙伴关系，保证有足够的资金来源，使物流金融业务的扩大成为可能，也为客户的融资提供了渠道，帮助有发展潜力的企业解决资金的负担。

针对我国企业的特点，中储运在物流金融方面开拓创新，为了迎合企业的需求，开创了多种业务模式。

（1）现有存货质押贷款模式。现有存货质押贷款业务是指客户把物品质押在中储运的仓库中，交由中储运储存和监管，然后客户凭借中储运开出的仓单向其指定的银行申请贷款，银行根据质押物品的实际价值向客户提供一定比例的贷款。

（2）异地仓库监管质押贷款模式。异地仓库监管质押贷款业务是中储运的一个业务拓展，就是在仓单质押模式的基础上凭借现代信息化网络来有效整合资源。根据客户的情况与特征，对客户的物品进行就近质押监管，从而大大降低双方成本，实现共赢。

（3）保兑仓模式。保兑仓业务是指银行对信用度高的客户，在其交纳一定保证金后开出承兑汇票，客户再根据银行指定的仓库发货，成为质押物品，到了规定时间，客户再回购货物。

以上三种业务模式是中储运在物流金融服务中开展的主要业务模式。在积极开展物流金融服务的同时，中储运在对质押物品的环节上非常重视。

为了保证业务的质量和交易的成功，中储运对仓单质押业务中质押物进行详细的规定：①质押物的所有权明确；②质押物易存储，不易变质；③质押物的价值在短时间内稳定，不易波动；④质押物的销售好；⑤质押物符合国家标准，如规格、质量、计量等。

四、结束语

物流金融业务的开展，对于专业物流企业和金融机构来说，是其业务的延伸，带来了经济的新增长，增强了竞争力；对于客户（中小企业）来说，突破了融资难的"瓶颈"，盘活了资金，加快资金的流动性，提前实现销售收入，扩大了市场份额。现阶段，由于专业的第三方物流企业的服务个性化、功能专业化、管理系统化、信息网络化等特征，其在物流金融活动中发挥的作用越来越受到关注及重视，通过物流企业先进的配套管理和服务，逐渐形成了金融机构—物流企业—客户的三方密切合作关系。

思 考 题

（1）中储对于仓单质押业务中的质押物品规定了什么条件？
（2）中储在物流金融方面开展了哪些业务模式？
（3）谈谈我国物流金融的前景以及意义。

第十八章 逆向物流

根据物流管理协会的定义,逆向物流就是对由最终消费端到最初的供应源之间的在制品、库存、制成品以及相应的信息流、资金流所进行的一系列计划、执行和控制等活动及过程,目标是对产品进行适当的处理或者恢复一部分价值。逆向物流主要是指处理由损坏、不符合顾客要求的退回商品、季节性库存、残值处理、产品召回等,另外还包括废物回收、危险材料的处理、过期设备的处理和资产的回收。逆向物流又可以分为回收物流与废弃物物流。回收物流是指不合格物品的返修、退货以及周转使用的包装容器从需方返回到供方所形成的物品实体流动,比如回收用于运输的托盘和集装箱、接受客户的退货、收集容器、原材料边角料、零部件加工中的缺陷在制品等的销售方面物品实体的反向流动过程。废弃物物流是指将经济活动中失去原有使用价值的物品,根据实际需要进行收集、分类、加工、包装、搬运、储存等,并分送到专门处理场所时形成的物品实体流动。

案例44 宝钢变"废"为宝——逆向物流

一、案例背景

随着地球环境恶劣的变化，人们的环保意识不断增强，环保也越来越受关注，产品的回收再利用就是一方面。出于环保和资源循环利用的可持续发展经济模式考虑，废钢铁的回收长时间得到广泛的关注和研究。1吨普通废钢相当于3~4吨铁矿石，1~1.5吨焦炭，可见废钢的回收相当重要，而废钢物流是废钢回收中的关键。

上海宝钢物流有限公司作为宝钢集团的子公司，在宝钢回收废钢铁中起到很大的作用。上海宝钢物流有限公司利用RFID技术，使钢铁成品智能仓储成为现实，并且精心打造物流基地，提供更好的物流服务。其经营领域有废钢物流、生产物流、供应物流、金融物流、钢铁物流、铁路装卸、码头装卸、货代服务，而废钢物流就是其中重要的一部分。上海宝钢的废钢物流具有碳钢、不锈钢废钢接运、回收、加工、分选，仓储以及配送功能，可进行氧割废钢、等离子切割加工和打包压块作业，为用户提供废钢仓储、加工、配送等全程物流服务。

二、问题提出

受经济危机后钢产量逐步增长的影响，钢铁供应需求急剧增加。铁矿石是炼钢的一种重要原料，是不可再生资源，而废钢是铁矿石的替代品，废钢的价格因供不应求而大幅上涨，市场面临很大的风险。

现如今废钢的资源供应不足，不能满足现代钢铁业供应需求。而上海宝钢物流有限公司在废钢回收方面，由于网点尚未形成规范体系，废钢不能有效地回收到供应链各节点上去，并且公司整体装备水平偏低，科研和技术还没跟上，在废钢逆向物流各环节管理水平较差，且废钢产品质量有待提高。所以如何做好废钢逆向物流是上海宝钢物流有限公司亟待解决的问题。

三、具体措施

废钢逆向物流属于重新制造和回收的逆向物流，做好逆向物流，可以节约大量的成本。宝钢打造废钢采购供应链，跟供应商建立良好的关系，便有获得资源的渠道，可以解决废钢的资源供应不足问题。废钢的回收渠道还有赖于物流网络，在进行逆向物流网络设计时，必须考虑到投资、运输、仓储和配送等各方面，达到整体最优才是最好的，并且建立了分级管理回收网络，进行回收的归类。另外，还可以借助先进的物流信息系统，如 ERP 系统，在 ERP 系统上资源共享，可以进行企业资源计划，进行回收量的确定。

在废钢物流管理方面，进行废钢物流专管制度，将各个回收点收集的废钢，根据归类标准分别计量，做到分门别类专门仓储和发运。加快新技术、新工艺、新设备的推广和应用，淘汰落后产能，逐步减少人工作业，使用机械化、自动化、电子化加工和检测设备，提高行业装备水平，进而提高废钢产品质量。培养专业物流人才，引领逆向物流更好地发展。

四、结束语

废钢回收逆向物流，对社会和企业都是有帮助的。对于社会方面，可以减少对环境的损害，有利于节约资源，提高资源的利用率，促进绿色物流的发展。在企业方面，降低生产成本，减少投资，增加企业的效益。所以逆向物流的前景将更广阔。

思 考 题

（1）如何完善废钢回收的逆向物流系统？

（2）实行逆向物流，需要考虑哪些要素？

第十九章 物流集群

　　物流产业集群是物流专业化分工与协作水平不断提高的产物,是指聚集在某一特定的区域内,以交通运输枢纽设施(如港口、机场、铁路货运站、公路枢纽等)、科研开发组织(物流技术、物流信息平台的研发等)、管理部门为依托,以第三方物流企业为核心,运输、仓储、装卸、包装、加工配送、物流信息及其相关制造、流通企业在空间上的集聚现象。

案例 45　传化公路港物流——物流平台整合运营商

> **基本知识点**
>
> 传化公路港、又称传化公路港模式，是浙江传化公路港物流发展有限公司的运营方式，通过建设大型公路港平台集聚与整合物流资源，成功实现了物流企业和社会车辆这两大物流主体在平台内"集约化经营、信息化管理"的目标。

一、案例背景

随着中国经济的高速增长，现代物流业也得到快速发展，物流服务企业的产业集群也应运而生。浙江自改革开放以来，根据各地的资源状况、经济基础和产业传统，因地制宜发展起各种具有鲜明结构特色的产业集群，成为物流产业的集聚地。

浙江传化物流基地（以下简称"浙江传化"）按照现代物流基地的要求进行规划与建设，是一个具有先进物流设施和经营理念、为第三方物流企业提供专业服务的运行平台，具有经济圈和交通圈的双重优势，集交易中心、信息中心、运输中心、仓储中心、配送中心、转运中心及配套服务功能于一体（图 19.1），为工商企业和物流企业提供了一个优质的综合性的物流服务平台。

图 19.1　浙江传化物流基地

二、问题提出

相对于基础设施完善、市场主体实力雄厚、运营效率高的国际物流业来说，国内物流，特别是承担国内70%以上货运量的公路物流未得到长效发展。公路枢纽建设不够健全，呈现出松散、低效、高资源浪费率的状态，在我国物流业发展过程中一直拖后腿。然而，要构建完善的交通枢纽却不是一朝一夕的事，而且要耗费庞大的人力、物力、财力去支持，这对我国现阶段的发展水平还是个不小的考验。

此外，虽然物流业得到一定的发展，但基本上各公司都是各自为政，资源分配松散、信息不对称、市场把控较弱等问题突出，严重阻碍着物流行业的发展。浙江传化意识到，随着制造企业市场的快速拓展，仅仅依靠自己的力量无法满足市场需要。

三、具体措施

针对这一行业现状，浙江传化创造性地扮演了"物流平台整合运营商"的角色，建立了物流企业资源聚集区，赋予了公路运输板块高效低耗、集成化、信息化管理的时代特征，并将本土的智慧和弹性融入第四方物流，以公路运输为依托，针对中小物流企业，按照"物流平台整合运营商"的定位，以"第四方物流"运营模式为核心搭建了创新的"公路港物流平台"。

1. 以"一站式服务"的建设为基础

浙江传化通过建设多个功能中心的组合，整合物流服务、物流载体和物流需求三大资源，搭建并提供"一站式服务"，构建了一种具有"孵化"功能的物流交易市场，使中小物流企业与社会车辆得以快速集聚和交易，运作效率进一步提升。

浙江传化十分重视企业信息化的建设，公司引进物流事业战略信息化驱动的管理理念，以信息化管理手段形成有形和无形平台相结合的综合性平台，通过信息化手段创造新的增值服务和价值。

2. 以"生态型"的物流平台整合为依托

浙江传化物流开发了管理服务、信息交易、运输、仓储、配送、零担快运六大中心及完善的配套服务功能模块,形成专业化运营的公路港物流服务平台,为吸引、整合、集聚资源创建了一个有形的载体。

3. 进行公路港基地建设

除总部萧山基地外,在2008~2009年期间,浙江传化又分别构建了苏州、成都传化物流基地,推进公路港物流平台连锁复制战略。同时,还构建了宁波(镇海)国际物流商务信息港,通过物流信息中心、物流商务中心、配套商业中心、配套商住区,实现了信息化四大功能区块的建设。

四、结束语

浙江传化物流基地有限公司通过"传化公路港"的模式,把分散的资源进行整合,不仅实现了各种服务资源的优势互补,全面提高物流运作效率,还大大节省了物流各环节的时间和资金投入,降低了物流运营成本,并有效地推动物流行业的转型升级、改善市场环境、促进物流业与制造业的联动发展,有效地解决制造业和物流业供需双方的矛盾,实现良性互动。浙江传化通过自身的实践,证实了"物流平台整合运营商"的公路港物流模式是切实可行的,引领了物流业的改革创新。

思 考 题

(1) 与传统的物流模式相比,浙江传化物流的模式有何创新?
(2) 针对"传化公路港"模式,你认为还有哪些地方需要注意与改进?

参 考 文 献

[1] 周丽. 供应链环境下的联合库存管理研究[D]. 武汉科技大学, 2010.

[2] GB/T18354－2001. 物流术语[S]. 中国物资流通协会物流技术经济委员会, 2001.

[3] GB/T 18354—2006. 物流术语[S]. 中国物资流通协会物流技术经济委员会, 2001.

[4] 刘玉春. 中国会员制仓储商场发展策略研究[C]. 北京: 华北电力大学; 2008.

[5] 王凤平. 麦德龙在中国的竞争战略案例分析[C]. 哈尔滨: 哈尔滨工程大学; 2005.

[6] 杨国荣. 运输管理实物[M]. 北京: 北京理工大学出版社, 2010.

[7] 吴德庆, 马月才. 管理经济学[M]. (第三版). 北京: 中国人民大学出版社, 2003.

[8] 卢现祥. 新制度经济学[M]. 北京: 中国发展出版社, 1996.

[9] 马士华, 林勇. 供应链管理(第三版)[M]. 北京: 机械工业出版社, 2011.

[10] 张庆英. 物流案例分析与实践[M]. 北京: 电子工业出版社, 2010.

[11] 张理. 现代物流案例分析[M]. 北京: 中国水利水电出版社, 2005.

[12] 刘伟. 物流与供应链管理案例[M]. 成都: 四川人民出版社, 2008.

[13] 张理. 现代物流案例分析[M]. 北京: 中国水利水电出版社, 2005.

[14] 李联卫. 物流案例与实训[M]. 北京: 化学工业出版社, 2009.

[15] 汝宜红, 伯惠, 等. 配送管理[M]. 北京: 机械工业出版社, 2010.

[16] 文蔚. 跨过五亿坎——贵州益佰制药通过DRP提升管理[J]. 每周电脑报, 2003(10).

[17] 吴巍. 贵州益佰的运输成本管理[J]. 物流技术与应用, 2012(2).

[18] 曾嘉, 严季. 日本宅急便的经营之道[J]. 交通世界, 2011(5).

[19] 熊国经, 吴璟珅. 试析日本第三方物流主力宅急便的发展战略[J]. 科技经济市场, 2008(8).

[20] 张晶. 夏晖物流: 与麦当劳"共生"的"鱼"[J]. 物流技术(装备版), 2011(08).

[21] 李剑锋. 国美ERP系统上线[J]. 电器, 2012(1).

[22] 苏亮.国美新ERP系统树立零售行业新标杆[J].家用电器,2012(1).

[23] 宋杰.物流信息化管理及发展[J].物流工程,2007(4)

[24] 柯新生,李媛.实施物流信息化管理的方法研究[J].物流技术,2007(9):102-104.

[25] 刁硕,曹佳懿.京东商城物流配送模式调查[J].上海商学院学报,2011(S1).

[26] 李吉月.浅析我国B2C电子商务的物流配送问题——以京东商城为例[J].物流科技,2011(10).

[27] 联合利华物流外包上海友谊[J].中国包装工业,2008.6.

[28] 董丽丽.从家乐福看我国零供关系[J].北京工商大学学报(社会科学版),2011(5):46-49.

[29] 王文慧.家乐福:用信息化打造竞争力[J].企业改革与管理,2010(1):67-68.

[30] 倪跃峰,杨楠楠.家乐福渠道运行中零售商与供应商的关系管理[J].管理案例研究与评论,2009(3):154-162.

[31] 李书英.供应链成本管理理论基础和方法研究[J].现代商贸工业,2013(23).

[32] 庄颖.汽车物流与供应链管理研究[J].商业文化(学术版).2009(05).

[33] 范雅政.供应链管理下的汽车物流分析[J].汽车工业研究,2007(03).

[34] 石涛.我国汽车业供应链管理研究[J].汽车工业研究,2005(07).

[35] 成本控制案例:美的——供应链双向挤压[J].中外物流,2008(02).

[36] 李娟,黄培清.惠普的供应链创新[J].企业管理,2007(8).

[37] 张弓.惠普的供应链革命[J].中外物流,2006(1).

[38] 翟健峰.第三方物流企业实施VMI战略的SWOT分析[J].物流科技,2007(09).

[39] 戢守峰.第三方物流(3PL)企业实施VMI的价值创造[J].价值工程,2005(07).

[40] 朱鼎臣.沃尔玛供应链管理案例分析[J].现代商业,2008(35).

[41] 刘蓉,张毕西,廖朝辉.供应链合作伙伴的选择[J].系统工程,2005(5).

[42] 黄琦炜.从家乐福与康师傅之争探讨供应链合作伙伴关系管理[J].文化商业,2011(5).

[43] 胡万蓉.供应链合作伙伴关系的建立与维护[J].市场周刊(管理探索),2005(2).

[44] 王培桓.生鲜加工配送中心是连锁超市经营生鲜食品的核心支柱[J].中国市场,2006(38).

[45] 李荷华,解旭峰.国内连锁超市的核心竞争力分析[J].中国市场,2009(41).

[46] 李季芳.基于连锁超市的生鲜农产品供应链管理模式研究——以家家悦连锁超市为例[J].山东财政学院学报,2009.2.

[47] 李临健,刘浩华,李鸿展.基于新农村建设背景下的农村物流建设——以赣南为中心的探讨[J].赣南师范学院学报,2010.5.

[48] 李咏梅.民营快递企业的发展之路[J].现代企业,2011(08).

[49] 刘兆国.申通快递:构建完善适用的物流运作体系[J].物流技术与应用,2009(12).

[50] 无波.DHL:价值观至上[J].当代经理人,2009(8).

[51] 李东方.DHL:以服务为客户节约财富[J].企业改革与管理,2011(8).

[52] 苏庆华.天地华宇:融合中的力量[J].当代经理人,2010(10):67-69.

[53] 李会.天地华宇:细分市场提升核心竞争力[J].经济日报,2010(10).

[54] 张俭.天地华宇振兴之道[J].中国物流与采购,2009(13):48-50.

[55] 徐水波.冠通中国,一路领先——天地华宇整合升级之路[J].中国物流与采购,2009(24):32-33.

[56] 邵文明,严峻.基地化运作下的安吉物流业务分配模式研究[J].知识经济,2007.12.

[57] 李雪凯,朱晓宁.浅析我国物流企业信息化发展——探析宝供物流企业集团信息化成功经验[J].物流论坛,2011,33(2).

[58] 李文杰,李珂.浅析乳制品冷链物流[J].现代商业,2010(29).

[59] 孟军齐.乳制品冷链物流发展策略研究[J].中国市场,2011(28).

[60] 欧阳明辉.我国鲜奶物流配送问题及对策研究[J].现代商业,2011(33).

[61] 王佩莉.沃尔玛:农超对接进行时[J].中国物流与采购,2010(10).

[62] 张涵,杜薇,刘永伟.由沃尔玛"农超对接"浅析中国农业产业链优化[J].辽宁行政学院学报,2010(5).

[63] 康师傅家乐福谈判破裂,重新上架没有时间表[N].中国日报网,2010.12.

[64] 赵奕.上海通用打造"环保全产业链"[N].第一财经日报,2010.12.

[65] 宫广军.上海通用汽车绿色供应链打造又新增80家[N].解放日报,2009.5.

[66] 浅析麦当劳的物流配送管理[EB/OL].http://wenku.baidu.com/view/024a682bbd64783 e09/22bef.html

[67] 京东商城简介[EB/OL].http://baike.baidu.com/view/1241593.htm.

[68] 京东商城自建物流的必要性[EB/OL].http://wenku.baidu.com/view.

[69] 麦当劳的采购谁在管[EB/OL]. http://www.6eat.com/Info/201204/384705_1.htm

[70] 国美电器的物流系统[EB/OL]. 中国物流与采购网(2010-10-13). http://www.chinawuliu.com.cn

[71] 国美底牌：零售业转型另一范本[EB/OL]. http://igome.com/article/index/937/9/3/0/1

[72] 中海物流公司简介[EB/OL]. http://www.csl.cn/a-1.asp

[73] 中海物流管理信息系统[EB/OL]. http://www.docin.com/p-226851077.html

[74] 联合利华在中国[EB/OL]. http://www.unilever.com.cn

[75] 联合利华物流外包上海友谊[EB/OL]. http://www.cnki.com.cn

[76] 家乐福在中国[EB/OL]. http://www.carrefour.com.cn

[77] 海尔物流[EB/OL]. http://baike.baidu.com/view/1967976.htm

[78] 海尔物流的成功[EB/OL]. http://www.chinawuliu.com.cn/xsyj/200801/25/138806.shtml

[79] 海尔企业物流配送管理模式[EB/OL]. http://www.56888.net/news/201075/336234098.html

[80] 一汽大众[EB/OL]. 大众汽车官网(2013-11-28). http://www.svw-volkswagen.com

[81] 大众汽车个性化订单的中国实验[EB/OL]. http://finance.ifeng.com

[82] 美的集团EDI应用案例[EB/OL]. 中国物流与采购网(2012-2-9). http://www.chinawuliu.com.cn/zhuanti/201202/09/178587.shtml

[83] 安得物流[EB/OL]. http://baike.baidu.com/view/1366602.htm

[84] 成本控制案例：美的——供应链双向挤压[EB/OL]. http://www.docin.com/p-710886693.html

[85] 戴尔供应链管理模式[EB/OL]. http://www.56888.net/news/2011628/854055491.html

[86] 惠普的供应链革命[EB/OL]. http://www.vsharing.com/k/SCM/2006-9/530308.html

[87] 联想集团[EB/OL]. http://baike.baidu.com/view/75723.htm

[88] 联想实施VMI[EB/OL]. http://www.chinawuliu.com.cn/zixun/200507/06/55547.shtml

[89] 沃尔玛公司[EB/OL]. http://baike.baidu.com/view/163695.htm

[90] 财富中国：世界五百强排名[EB/OL]. http://www.fortunechina.com

[91] 麦德龙[EB/OL]. http://baike.baidu.com/view/70316.htm

[92] 江西邮政速递公司简介[EB/OL]. http://sdwl.jxpost.com.cn/about/index.html

[93] 顺丰概况[EB/OL]. http://www.sf-express.com/cn/sc/others/about/overview/

[94] 顺丰集团[EB/OL]. http://baike.baidu.com/view/3408396.htm

[95] 申通简介[EB/OL]. 申通官网(2013-12-3). http://www.sto.cn/

[96] UPS公司简介[EB/OL]. http://wiki.mbalib.com/wiki/UPS

[97] DHL快递[EB/OL]. http://www.shkdw.cn/kuaidigongsi/20070329/37.html

[98] 敦豪：物流市场勤耕耘[EB/OL]. 中国物流与采购网(2007-02-26). http://www.chinawuliu.com.cn/xsyj/200702/26/137009.shtml

[99] 天地华宇简介[EB/OL]. http://www.tdhysh.com/hoau.html

[100] 安吉汽车物流有限公司[EB/OL]. http://baike.baidu.com/view/4238295.htm

[101] 光明—冷链物流[EB/OL]. http://wenku.baidu.com/view